なぜ言葉は変わるのか

日本語学と言語学へのプロローグ

柿木重宜 [著]
Shigetaka Kakigi

ナカニシヤ出版

序　文

　言葉は人が使うかぎり変化していく。ここでいう「言葉」とは，音韻，形態，文法，語彙など全ての要素を含んでいるのだが，古来，全く変化のなかった言語は存在しない。誰しもが，このような事実は自明なことであり，言葉の変化の原因に目を向けることなど考えもつかないことであろう。しかしながら，言語学，とりわけ，社会言語学という言語分野においては，この「言語変化」という現象こそ，言葉の本質であり，言葉という存在を考える上で，大変重要な問題を内包しているとみなされているのである。本著では，言葉の変化を通して，人間の言葉の本質とは一体何なのか，言葉と社会とはどのような関係があるのか深く考えてみることにしたい。なお，本文中の語彙に関しては，現代言語学や日本語学の研究成果を援用し，できるかぎり平易な言葉で，問題点の本質を明らかにするようにした。

　「言語変化」とは，決して個人のコミュニケーションの問題のみを扱っているわけではない。国家や民族の問題とも不可分の関係にあり，現代の社会現象とも密接な繋がりをもっている。

　日常生活の中で，しばしば問題にされる「若者言葉」や，「ら抜き言葉」など，その対象となるトピックには実に広範なものがある。「近頃の若者の言葉遣いは……」などという大人の愚痴は，「言葉の乱れ」という，いつの世も変わらぬ言葉に関する永遠のテーマでもある。ちなみに，このような言葉遣いの乱れについては，すでに，鎌倉時代に，随筆家吉田兼好が，『徒然草』の段の中で，世の言葉の乱れについて嘆いている箇所もみられるほどである。言葉という

存在は，現実の社会と遊離したものではなく，ある社会現象が言葉を通して考察できることもあるし，時に言葉の変化自体が，社会の認識を変えることも充分あり得る。

本書を通して，言葉が人間や社会にとってどのような存在なのか，さらには，「なぜ言葉は変化するのか」という言語学のテーマに少しでも関心をもって頂ければ，筆者としても幸甚である。

本書は，決してこのような重要な問題に対して，直接的な答えを導きだしているわけではないが，言葉の変化について考えるヒントのような役割は果しているかもしれない。日本語学，国語学，言語学という学問が，わたしたちの日常の社会生活と無縁な存在ではなく，むしろ，もっと身近な問題であることをぜひ知って頂きたい。

なお，本文中の学術用語については，できるかぎり明解に説明することをこころがけたが，説明の都合上，いくつかの言語学の専門用語や，一般の読者の方には，あまり馴染みがないアルタイ諸語の語彙やインド・ヨーロッパ諸語に属する言語についても言及することにした。また，これらの語彙を用いた章については，「日モの仏教借用語彙について ── とりわけモンゴル語の借用語彙の来源経路について ── 」『語源研究』(1995) に加筆，修正をしたことを注記しておきたい。本文中において説明不足な点もあるかと思われるが，何卒御寛恕して頂くとともに，読者諸賢の忌憚のないご批判を賜れることを切に願う次第である。

また，私事で恐縮ながら，筆者はすでに，言語学あるいは日本語学の概説書として『ふしぎな言葉の学 ── 日本語学と言語学の接点を求めて ── 』(2000) という著書を上梓している。この著の出版に際しても，多くの研究者や一般読者の方々に様々な御教示を頂いた。ここで，全ての方の御名を記すことはできないが，この場をかりて心より感謝申し上げたい。

本著においては，特に，「言語変化」の側面を重視し，「言葉はな

ぜ変わるのか，そして言葉とは人間にとってどのような存在であるのか」という課題にアプローチすることにした。前著と合わせて，本著を一読して頂ければ，言語学や日本語学の基礎的な理論を，さらに詳しく理解して頂けるものと信じている。

　最後に，今回も貴重な出版の機会をくださったナカニシヤ出版の中西健夫社長，いつもながら献身的に拙著に目を通し，適切なアドヴァイスをしてくださる宍倉由高編集長に衷心より謝意を申し上げたい。

2003年　1月20日
大津にて　　著者

目　　次

序　文　*i*

1. 音韻変化の要因 ……………………………………………………… 1
 1.1　転音現象について　2
 1.2　母音の再構　13
 1.3　調音労働の経済性　18
  1.3.1　連母音から長音へ　18
  1.3.2　棒引き仮名遣いとは何か　22
  1.3.3　音素の脱落　28
 1.4　言語意識と音韻変化　30
  1.4.1　ハ行転呼音 — 日本文化との関係 —　30
  1.4.2　音位転換　34
  1.4.3　省略語　35
 1.5　調音点による音韻変化　38
  1.5.1　両唇音における音韻変化　38
  1.5.2　歯茎音における音韻変化　41

2. 語彙の変化 ……………………………………………………… 45
 2.1　語種（和語・漢語・外来語・混種語）の変化　45
 2.2　和語の特性　49
 2.3　漢語の特性　54
 2.4　外来語の特性　58
 2.5　日本語とアルタイ諸語の借用語彙 — とりわけ仏教用語の導入経路について —　63
  2.5.1　日本語における仏教借用語彙について　64
  2.5.2　モンゴル語における仏教借用語彙について　66

3. 文法の変化 ……………………………………………………… 69
3.1 ら抜き言葉について　69
3.2 古語から現代語へ　72
3.3 文法学説の変遷　77

4. 文字の変化 ……………………………………………………… 81
4.1 漢字廃止論 ― かつて漢字廃止論があった ―　85
4.2 新国字論　88
4.3 カナ文字論　96
4.4 ローマ字論　103

5. 言語学における言語変化の問題 ― 通時的観点から ― …… 113
5.1 比較言語学における言語変化　113
5.2 近代言語学以降の言語変化　119
　5.2.1 構造言語学　120
　5.2.2 生成文法　122
5.3 社会言語学における言語変化　125
　5.3.1 階層と言葉　126
　5.3.2 性と言葉　128
　5.3.3 宗教と言葉　129
　5.3.4 方言と言葉　130
　5.3.5 国家と言葉　134

6. 心と言葉の関係について ……………………………………… 145
6.1 恥の概念と言葉　146
6.2 言葉と攻撃心　148
6.3 規範と言葉の関係　150
　6.3.1 固有名詞のゆれ　150
　6.3.2 規範的な言葉とは何か　152
6.4 言語史において「こころ」とは何であったのか
　　― 日本文化との関係において ―　157

註 161
引用文献 165
事項索引 169
人名索引 171

1. 音韻変化の要因

　本書の説明をするためには，まず日本語の音声構造について把握しておく必要がある。少し説明が煩雑になるかもしれないが，図1と図2に基本的な母音体系と日本語の母音三角形を，表1に日本語の子音体系を掲げておいた。日本語の言語音は，基本的に母音（vowel），子音（consonant），半母音（semi-vowel）で構成されている。なお，図1は，基本的な母音体系を図示したものであり，日本語の場合，その理想形と考えられるのが，図2の母音三角形である。ただし，この図は，あくまで便宜上，簡略化したものであり，実際の日本語の母音配置図とは異なることを断っておきたい。特に，日本語の「う」の言語音は，非円唇後舌高母音であり，正確な音声記号で表わせば，[ɯ]となる。なお，地域方言（regional dialect）には，円唇化した例もみられる。

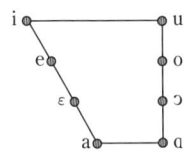
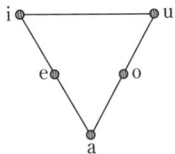

図1　基本的な母音体系　　　　図2　日本語の母音三角形

　では，日本語における代表的な音韻変化とはどのような例があるのか考察してみたい。
　特に，ここでは，合成語による変音現象について扱うことにした。

表1　日本語の子音体系

		両唇音	歯茎音	歯茎口蓋音	軟口蓋音	声門音
閉鎖音	無声	p	t		k	ʔ
	有声	b	d		g	
摩擦音	無声	Φ	s	ʃ, ç		h
	有声	w	z, r	ʒ, j		
破擦音	無声		ts	tʃ		
	有声		dz	dʒ		
鼻音	有声	m	n		ŋ, N	

築島裕『国語学』(1964) より引用（図1，図2も同様）

1.1　転音現象について

　まず，次に掲げた諸例をみてもらいたい。「雨」，「酒」の後に言葉が続くと，前項要素（ここでは「雨」と「酒」）の末尾の母音が，別の音素に変化していることが分かると思う。なお，ここでいう「音素」(phoneme) とは，意味を弁別する最小の音声単位のことを指している。

Ⅰ　雨「あ<u>め</u>」 ＋ 水「みず」 ＝ 雨水「あ<u>ま</u>みず」

Ⅱ　酒「さ<u>け</u>」 ＋ 屋「や」 ＝ 酒屋「さ<u>か</u>や」

　日本語の平仮名は，基本的には，C + V（子音＋母音）という構成をもつ音節文字である。このような特徴をもつ文字は，音素文字とは異なり，一つひとつの音の変化に気づくことができない。した

がって，この場合，音の本質を見極めるためには，音声記号を用いる必要がある。

Ⅰの場合，「あめ」/ame/という単語が，合成語になると，/ama/となり，/am/の部分は同一であるが，前項要素の末尾の音素は，/e/→/a/へと変化している。

一方，Ⅱの場合の「さけ」/sake/も，Ⅰの例と同様，/saka/と変化し，/e/→/a/への音韻変化が生じている。このように，日本語の中には，合成語になると，前項要素の母音が変化する現象がみられるのである。

では，上記の例と同じ要領で，括弧の中に適当な言葉を入れ，合成語を完成してもらいたい。

Ⅲ　木「き」＋　（　　　　）　＝＿＿＿＿＿＿＿

木「き」という漢字と平仮名は，音素文字であるローマ字で表すと，/ki/となる。このうち，母音の/i/の音素さえ変化すれば，どのような例でも構わないのだが，括弧に入る可能性がある合成語には次のような例が考えられる。

木「き」＋　立「たち」　　＝木立　「こだち」
木「き」＋　洩れ「もれ」＋「日」「ひ」＝　木洩れ日　「こもれび」
木「き」＋　陰「かげ」　　＝木陰　「こかげ」

初めの二つの例は，連濁（二つの言葉が連続する際に，後項の要素が濁音化すること）という現象が起きている。合成語による転音現象に気づくためには，下線部のような平仮名の変化だけでは，音変化の本質を捉えることはきわめて難しい。上記の例の場合の前項

要素は，平仮名と同時に，音声記号で表わすと次のようになる。

木「き」/ki/→「こ」/ko/

しかしながら，すべての合成語彙に，上記のような，合成語の前項要素である母音が変化し，転音現象が生じるとは限らない。例えば，次のような例（ここでは，人名の合成語のみについて扱う）は，必ずしも音韻変化を起こすわけではない。

木「き」 ＋ 村「むら」 ＝ 木村「きむら」
木「き」 ＋ 田「た」 ＝ 木田「きだ」

上記の例は，人名の場合だけであったが，同様の例は，他にも多くみられる。これらの語彙は，前掲の語彙のように，音素の変化がみられない。「き」/ki/というCVの音節構造も，「き」/ki/のままで何ら音韻変化は生じていない。

では，なぜこのように合成語の語彙の違いによって，音韻変化の差異が生じるのであろうか。わたしたちは，日常生活の中で，特に意識することなく言葉を用い，コミュニケーションをとっているため，このような合成語の変音現象に気づくことはまずあり得ない。したがって，日本語を母語とする人が，なぜこのような音韻変化が生じるのか，あらためて考える機会をもつことはないであろう。日本語を母語としている人にとって，生まれがら身につけた母語は，空気のような存在であり，普段の生活の中では，特に言葉という存在を意識化せずにすむからである。勿論，だからといって，言葉を無意識に話すなどということは，不可能なことである。ここでいう「意識化せずに話す」とは，発話時に，言語要素を構成している音韻，形態，統語的要素などを，全く意識せずに話すという意味にと

ってもらいたい。母語習得の複雑なメカニズムについては，未だ明確な結論は出ていない。しかしながら，言語学者 N.チョムスキー（Noam Chomsky 1928 -）は，どのような人間にも，その人が属する国家や民族に関わりなく，LAD（言語獲得装置）という言語を習得する装置が内在されていることを唱え，この問題を解決しようと試みた [1]。LADとは，幼児が言語を獲得するプロセスを考察すればわかりやすい。幼児は，発話する文をすべて教え込まれたわけではないのに，自然と文法的な文章が話せるようになる。これは，12〜13歳程度の年齢とみなされている臨界期（critical period）までに，一定の語彙，すなわち，一次的言語データ（primary linguistic date）を与えることによって，元々内在化していた言語能力が開花し，文法的な文を発話することが可能になるということである。

このように，「母語」（母国語とは異なる）というものは，生まれながら自然と身につけたものであるが故に，母語話者は，自らの母語の微妙なニュアンスに気づくことができないのである。勿論，音変化に気づかない理由はこれだけではない。先述したように，日本語の文字体系とも大いに関係がある。日本語の文字は，現在，漢字，平仮名，片仮名，ローマ字が用いられているが，最もよく用いられているのが，漢字と仮名である。しかし，この両方の文字を用いているために，言語の音感覚が鈍化しているともいえるのである。

例えば，日本語を母語としている人にとって，「木」という漢字を含む合成語の読み方が，「き」ではなく，「こ」であったとしても，はじめから読み方が決まっているものと思いこみ，合成語による変音現象によって変化した語彙を，いちいち暗記しなければならないと考えている人も多いはずである。しかし，母語話者以外の人や，言語にとりわけ関心の深い人なら，単に暗記するだけではものたりず，このような音韻変化の現象に関心をもち，なぜこのような読み方の変化が起こるのか疑問を抱くかもしれない。言葉の本質を見極

1.1 転音現象について　5

めるためには，このような何気ない言葉の変化に注意することが肝要なのである。

すでに，述べたことであるが，日本語の母語話者が，他言語を母語としている話者より，音感覚が鈍くなった原因は，日本語の文字体系にも一因がある。

以下に，現在の日本語の文字体系を示すことにする。

i　表意文字　漢字（象形，指事，会意，形声，転注，仮借）

ii　表音文字　音節文字（平仮名，片仮名）音素文字（ローマ字）

日本語の文字体系の一つである漢字は，表意文字であるし，平仮名，片仮名のような仮名文字は，基本的にCV（子音＋母音）という音節文字で構成されているため，一つひとつの音素の細部にまで気づくことはできない。

例えば，次のカ行音の平仮名と片仮名とローマ字を見比べてほしい。

平仮名　　　か　き　く　け　こ

片仮名　　　カ　キ　ク　ケ　コ

ローマ字　　ka　ki　ku　ke　ko

上記の文字表記をみた場合，ローマ字表記が実際の音価を反映しているのがすぐに分かるであろう。漢字を含め，言葉の音韻変化に気づくことができるのは，四つの文字表記のうち，ローマ字しかない。

以下に,「酒」に関する言葉を思いつくまま列挙してみた。

「酒」「さけ」　　酒屋「さかや」　　酒樽「さかだる」　　酒蔵「さかぐら」

上記の漢字や平仮名表記だけでは,酒「さけ」という言葉が,合成語になると,どのような変化を起こすのか見当もつかないが,ローマ字化してみると,母音が交替し,転音現象が起きていることにすぐに気づくはずである。

/sake/　　　　　　/sakaya/　　/sakadaru/　　/sakagura/

では,ここで下記に,日本語の基本的な音節構造を掲げてみたい。

-CV
-CVC（語末が撥音の場合のみ）

日本語の音韻構造は,基本的に-CVという単純な構造から成り立っているが,語末が撥音の場合のみ,-CVCという音韻構造がとられる。該当する単語を,思い付くままに挙げてみると,「感」,「酸」,「単」,「難」,「版」,「万」,など数多くあるが,いずれも語末は,/N/で終わっている。

これまでは,言語の音感覚に気づくためには,日本語の文字体系のなかでもローマ字が最も適しており,「転音現象」のような音変化には,ローマ字表記法を参考にしなければならないことについて論じてきた。

では,他の表記法には,どのような利便性があるのか,ここで若

干述べておきたい。

　上記に掲げた音節構造をみれば分かるが，開音節言語という特徴をもつ日本語にとって，平仮名，片仮名の五十音図の表記は，頗る適した文字表記といえるであろう。また，漢字の利便性については，今さら問うまでもないが，表意性をもち，様々な複雑な概念も表すという特性を有している。先述したように，「六書」（りくしょ）と呼ばれる六つの文字（象形，指事，会意，形声，転注，仮借）で構成されているが，中でも，形声文字は，日本語の語彙に多くみられる文字である。語構成は，基本的に，音符（音を表わす）と義符（意味を表わす）から成り，一つの漢字で音と意味の両方を表すことができる。

　例えば，「枝」という漢字の場合は，「木」（きへん）＋支「し」「音読み」で構成される形声文字であり，読みについては，「えだ」という訓読みと「シ」という音読みがある。必ずしも，本源を辿れば形声文字でない場合も有り得るが，日本語の漢字の中には，注意深くみると，一方の文字の読み方と漢字全体の文字の読み方が一致することがしばしばみられる。

　それでは，次に掲げる括弧の漢字の読みを解いてもらいたい。なお，括弧の中の傍線部は，上述した説明に該当する漢字である。

① 彼は，言語学界の中でも（稀代）の学者として知られている。
② 今度の研究レポートは，（精緻）な観察がされている。
③ この文字は，現行の表記では（容認）されていない。
④ 実験では，（硝酸）ナトリウムが用いられる。
⑤ 両軍ともに，（対峙）した状況にある。
⑥ （詭弁）を弄する。
⑦ 両国で条約が（批准）される。

⑧ 祖父母は戦争の（犠牲）になった。
⑨ 音声と（音韻）の違いを研究する。
⑩ （咄嗟）のできごとで狼狽する。

では，はじめの三題だけ下記に，解答と文字構成を記すことにする。

　　漢字　解答　　　　文字構成　　　旁の読み　　全体の読み
① 稀代「きだい」　禾（のぎへん）＋　希「き」　＝稀「き」
② 精緻「せいち」　糸（いとへん）＋　致「ち」　＝緻「ち」
③ 容認「ようにん」言（ごんべん）＋　忍「にん」＝認「にん」

後の解答は，④「しょうさん」，⑤「たいじ」，⑥「きべん」⑦「ひじゅん」，⑧「ぎせい」，⑨「おんいん」，⑩「とっさ」である。

上記の例以外にも，次に掲げるように非常にたくさんの漢字にこのような特徴がみられる。一度，自身でも，同様の例を考えてみてもらいたい。次に掲げるように，日本語の語彙には，実に多くの文字がこのような語構成をもっていることが分かるはずである。

一抹（いちまつ）　程度（ていど）　感銘（かんめい）　化膿（かのう）　渋滞（じゅうたい）　模倣（もほう）　洞察（どうさつ）　紹介（しょうかい）

上記の漢字は全て，右側の文字（旁）が音を表わしていたが，次のように，一方の文字の音が別の位置にあっても，音を表すことがある。

1.1 転音現象について　9

⑪ 戦国時代，天皇は将軍の（庇護）「ひご」の下，京で暮らしていた。
⑫ 源義経の側近といわれる弁慶は（架空）「かくう」の人物である。

　上記に掲げた実際に入試問題などで出題され易い難解な語彙も，たとえ意味が分からなくとも，一方の読みさえわかれば，全体の読みを解くことができる。入試問題や企業の一般常識問題には，このような普段あまり用いられない難解な読みの問題が出題される傾向にあるが，漢字の特性を生かして，一方の音を表わす「音符」を参考にすると，全体の読みを正解できることがある。勿論，あらゆる漢字が，この規則に適用できるわけではないが，形声文字の特徴的な一面を表わしているといえるであろう。

　以上，日本語の文字体系を構成する漢字の利便性について，諸例を掲げながら述べてみることにした。しかしながら，転音現象の例から分かるように，いずれの文字も，個々の音素の変化に気づくためには，適した文字とはいえない。文字と音の本質を表わす文字は，やはりローマ字以外には考えられないのである。言語変化を考える場合も同様であり，日本語の文字体系を構成する，漢字，平仮名，片仮名，ローマ字の中でも，ローマ字が最も音の実態を反映させることができると考えられる。

　それでは，本節の「転音現象」について，再び話を戻したい。

　まず，すでに例として挙げた転音現象における母音変化の例を掲げることにする。

Ⅰ　/e/→/a/
Ⅱ　/e/→/a/
Ⅲ　/i/→/o/

表意性という特徴をもつ「漢字」と，基本的に音節文字である表音性をもつ「仮名」に慣れた日本語話者が，母音の変化にのみ注意し，上記のような合成語による音声変化，この場合には，母音交替に気づくことは，まずあり得ないだろう。何度も強調するが，「転音現象」の実態に迫ることができるのは，やはり，日本語の文字体系の中でも，ローマ字において他に考えられない。

　かつて，宮沢賢治（1896 - 1933）や石川啄木（1886 - 1912）が，ローマ字という表記法を用いて，自身の作品を書いたのも，ローマ字化運動の高揚という時代的背景の影響もあったかもしれないが，それよりもむしろ，自らが話す言葉を音感覚で表出したかったのではないだろうか。石川啄木が自らの日記をローマ字で表記した理由については，国文学者の間でも様々な説が唱えられており，安易に即断することだけは避けたいが，筆者は，啄木が文学を視覚的観点から捉えるのではなく，音という聴覚から「言葉」というものの本質を捉えたかったのではないかと考えている。一説には，妻の節子に自らの文章を見せることを拒んだために，このような表記を使ったといわれるが，やはり，筆者は，啄木が誰の束縛も受けることなく，自らの心情をありのままに吐露したいという気持ちが，彼にそうさせたのだと考えている。勿論，文学も当時の社会的状況とは無縁ではいられないはずである。下記の文の日付は1907（明治40）年になっているが，この頃が，ローマ字国語国字問題に関する是非が，社会的問題として大きく取り上げられた時代であったといえるであろう。ちなみに，この二年前の1905（明治38）年には，著名な研究者が大同団結し，「ローマ字ひろめ会」という会も結成されている。このような社会的状況と啄木の文学とは決して切り離して考えることはできないであろう。

　ここで，1907年9月7日に，彼が書いたローマ字文の冒頭を掲げ

ておきたい。

Hareta Sora ni susamajii Oto wo tatete, hagesii Nisi-kaze ga huki areta. Sangai no Mado to yû Mado wa Taema mo naku gata-gata naru, sono Sukima kara wa, Haruka Sita kara tatinobotta Sunahokori ga sara-sara to hukikomu:

　上記の文章を漢字と仮名で記すと次のようになる。なお，原文に関しては，桑原武夫（1904－1988）の『啄木ローマ字日記』（1977）を引用したことを注記しておきたい。

晴れた空にすさまじい音をたてて，はげしい西風が吹き荒れた。三階の窓という窓はたえまもなくガタガタなる，そのすきまからは，はるか下からたちのぼった砂ほこりがサラサラと吹きこむ。

　さらに，啄木の『一握の砂』（1910）には，次のような歌もある。

　ふるさとの　訛なつかし　停車場の　人ごみの中に　そを聴きにゆく

　上記の歌は，人ごみの中で混雑する停車場で，作者はふと懐かしい故郷の言葉を耳にする。啄木に郷愁の想いを誘ったのは，「方言」という決して文字では表されない剥き出しの音そのものであった。それは，「標準語」という国家によって庇護された「文字」とは常に対峙して存在する「音」に支えられていたのである。
　現在の日本社会においては，ローマ字はそう頻繁に用いられることもなくなったが，かつての日本においては，ローマ字国字論が積極的に唱えられ，実際に国家的規模でローマ字国字改良運動にまで

発展した時代もあった。しかし，現在では，駅名の掲示や社名に用いられるに過ぎず，「ローマ字ひろめ会」「日本ローマ字会」「カナモジカイ」など様々な会が創設され，国字改良運動が盛んであった頃とは，まさに隔世の感があるといえよう。本節では，「転音現象」という音の変化を考察することが主眼であるため，国語国字問題の主要なテーマであるローマ字使用について，これ以上取り扱うことはしない。本節で最も強調したい点は，日本語の文字体系の中で，音声を文字に最も反映させることができるのは，ローマ字以外には考えられないということである。つまり，音声の微妙なニュアンスに気づき，音素をできるかぎり忠実に表記しようと思えば，音素を基調とした文字を使用する必要があるということなのである。

以上，「転音現象」という音韻変化を例にとって，文字と音声の関係について若干の考察をしてみたが，このように，「転音現象」という一つの言語現象をとってみても，様々な言語の特質を知ることができるのである。

1.2 母音の再構 (reconstruction)

では，前節の転音現象によって，日本語の音体系のどのような側面を知ることができるのであろうか。本節では，音韻変化による母音の再構（reconstruction）について考えてみたい。

1.1のⅢの場合の音韻変化を，今一度記すと次のようになる。

「き」→「こ」　　　/ki/→/ko/

子音/k/は同一であるから，実質上は，次のような母音交替が起きていることになる。

/i/→/o/

　前節でも述べたように，合成語による変音現象は，音素の結合によって構成された平仮名や漢字では，気づくことができないが，音素文字であるローマ字を用いると，一つひとつの音素の変化を明確に表わすことができる。本節においては，この音変化の論をさらに推し進め，なぜ同じ合成語の語彙であっても，変音現象が生じる語彙とそうでない語彙が併存するのか，考察してみたい。

　前節において変音現象の例として，雨「あめ」，酒「さけ」，木「き」，などの語彙を挙げてみた。ここで，注目すべき点は，変化の対象となる語彙が，日本語の中の「延べ語数」の大半を占めている「大和言葉」であるという点である。日本語の語彙には，日本古来の言葉，すなわち和語，漢語（時代別に呉音，漢音，唐音が存在する），外来語，そして，この三つの言葉が混在した混種語が存在している。今，転音現象がみられた，雨「あめ」，酒「さけ」，木「き」，などの語彙は，日本語の語種のなかでも和語に分類できる。このように，転音現象をしばしば起こす語彙の中には，日本古来の言葉である和語が使われることが多いのである。

　では，今一度，先述した合成語の変音現象の疑問点について考えてみることにしたい。つまり，なぜ，ある合成語には，前項要素の末尾の母音が変化し，変音現象が起こるのか，また，なぜ，別の言葉にはそのような変音現象が起こらないのか，という点である。

　前の例で掲げた「き」/ki/ →「こ」/ko/の音韻変化をみれば分かるが，子音/k/は変化がなく，問題となる音素は母音の方であることは，すぐに気づくことができる。

　ここで，まず日本語の母音体系について述べておきたい。図2でも掲げておいたが，日本語の母音体系は，/i/, /e/, /a/, /o/, /u/の5母音体系で構成されている。全く偶然ではあるが，日本語と系統

関係が異なるインド・ヨーロッパ語族のイタリック語派に属するスペイン語も,同じ5母音体系である。

では,日本語の母音体系もスペイン語の母音体系も,これまで変化なく5母音体系で構成されてきたのであろうか。音韻を含めた言語というものが,常に変化する性質を含んでいることを考えると,当然のことながら,このような母音の数の一致は単なる偶然に過ぎないことが分かる。日本語の合成語に変音現象がみられる(特に,母音交替という現象が生じている)ことは,時代を遡ってみると,日本語の母音体系が現在とは異なっていた可能性を想起させるのである。つまり,このように和語においてのみ,合成語における母音交替が起こるのは,古代日本語における母音体系の痕跡の可能性があるといえるのである。勿論,このような結論を導くためには,専門の国語学的知識が必要であるし,この言語現象からすぐに古代日本語の母音体系を証明することは不可能である。しかし,ここで筆者が特筆したいことは,上代日本語の母音体系を再構するためには,必ずしも古い文献を紐解く必要はなく,日常わたしたちが用いている日本語の変音現象が,古代日本語の母音体系の実態を解明する一助になり得るということである。1.1のⅠからⅢの音韻変化をみるかぎりでは,/i/, /e/, /o/に対立する母音が存在していた蓋然性がきわめて高いといえよう。

ここで,ぜひ述べておきたいのは,合成語の変音現象から古代日本語の母音体系を再構したように,古代日本語の母音体系の実態を解明するためには,現代日本語の音変化にも,もっと注意を払わなければならないということである。

日本語の古形を再構する場合には,必ず古い文献から調べなければならないと主張する人もいるが,実際には,現代日本語から古形を推定できる語彙も多数みられる。すでに,柿木(2000)で,様々な例を掲げ,説明しておいたが,日本語における音韻の変遷史,例

えば，［P］＞［Φ］＞［h］というハ行音の変遷も，現代日本語の「連濁」の例から証明することが充分可能であった。

ただし，上記の例の場合，対立する音素があった可能性は高いものの，実際の音素はどのようなものであったのか，その実際の音素を完全に解き明かすことはきわめて困難なことであるといわざるを得ない。この点に関しては，国語学界の間でも，統一した見解はみられない。国語学の泰斗，橋本進吉（1882 - 1945）は，現在の母音/i/に対する音素の実態について，『古事記』（712），『日本書紀』（720），『万葉集』（ほぼ8世紀に成立したと考えられる）の中の語彙において，「キヒミケヘメコソトノヨロモ（ただし，モに関しては，『古事記』においてのみみられる）」という音価に漢字の書き分けがみられることに着目し，甲類，乙類という分類をしながら，いわゆる「上代特殊仮名遣い」の研究に没頭したことで知られている。橋本自身も，上代以前の日本語の/i/の実態については，明言は避けているものの，次のような推定をしている。

最初の子音の次に来る音といえば，普通は母音ですから，例えばキの甲と乙との違いは，一方がkiであるとすれば，一方はiとちがった東北地方にあるような「イ」でも「ウ」でもない中間の母音ïで，すなわちkïであるとか，あるいはuiのような二重母音ですなわちkuiあるいはこれに近いkwiであるとか，あるいはiiのような二重母音で，すなわちkiiまたはこれに近いkyiであるとか，または，ïiのような二重母音でkïiであるとかが考えられるのであります。

本節において，最も強調したい点は，日常生活において用いられる言葉の変化，この場合には，合成語の変音現象が，遥か上代以前の母音の実態を明らかにする証左となり得るという事実である。

一例として，ここでは/i/の音素について考えてみたい。先述し

たように，橋本自身は，様々な可能性を想定しているが，後には，最も可能性のある音素として/ïi/という母音の再構を試みている。しかし，その実態については，明言はしていない。筆者自身も，現存する文献から，実際の音価を想定することは困難であると考えているが，種々の状況証拠から判断すると，/i/の音素と対立する母音は，中舌母音/ɨ/であった蓋然性がきわめて高いのではないかと考えている。

ここでは，日本語と系統関係の深いアルタイ諸語の考察をしてみたい。一般的にアルタイ諸語とは，モンゴル語，チュルク諸語（狭義には，トルコ語も含まれる），満州・ツングース語のことを指している。この中で，母音対立が完全に残っているのは，トルコ語である。トルコ語（turkish）は，チュルク諸語（turkic）に属する言語であり，チュルク諸語には，新ウイグル語，ヤクート語，サラ語，キルギス語など実に多くの言語が含まれている。これらの言語には，母音調和（vowel harmony）という現象が起こるが，それぞれの母音調和の特徴も様々であり，口蓋調和（horizontal harmony）や唇音牽引（labial attraction）などの複雑な言語現象を有している言語もみられる。さらに，アルタイ諸語の中には，ツングース語に属するいくつかの言語に，完全な母音調和が残っている場合がある。一方，現代モンゴル語では，/i/は中性母音となっているが，他の母音に関しては，男性母音と女性母音が共存し，母音調和が堅持され

	u	a o	男性母音
i			中性母音
	ü	e ö	女性母音

モンゴル語

ı u a o	男性母音
i ü e ö	女性母音

トルコ語

図3　モンゴル語とトルコ語の母音体系

ている。

　参考までに，図3にモンゴル語とトルコ語の母音調和の例を掲げておくことにする。

　かつて，言語学者松本克己（1929－）は，国語学界の常識となっていた古代日本語の8母音説に対して，異議を唱え，一見対立しているかのようにみえる古代の母音体系も，実は，異音（allophone）に過ぎず，古代日本語も5母音体系であったと唱え，話題になったことがある。いずれにせよ，上代以前の日本語における母音の実態に関しては，今後も論議が尽きない問題であるといえよう。

1.3　調音労働の経済性

1.3.1　連母音から長音へ

　以下に挙げる漢字の読みの問題を，私たちは，実際にどのように発音しているだろうか。調音の位置を確かめながら，一度発音してもらいたい。

　畏敬　　　解明　　　出納　　　羨望　　　傾向

　いずれの漢字の読みも，しばしば試験に出題される問題である。解答は，それぞれ，「いけい」「かいめい」「すいとう」「せんぼう」「けいこう」であるが，この読みを平仮名で表記する際に，特に疑念を抱く人はまずいないであろう。しかし，実際の発音はどうであろうか。わたしたちは，決してこの平仮名通りには読んでいないはずである。あえて，片仮名で書くとすれば，「イケー」「カイメー」「スイトー」「センボー」「ケイコー」と発音しているはずである。「いけい」なら，/ikei/の/ei/という連続した母音が，発音する際に簡略化され，/ike:/という発音に変化している。

「調音労働の経済性」という言葉は，元々，A.マルティネ（André Martinet 1908－）が使用した言葉であるが，このような専門用語を用いると，何かいかにも難解な印象を与えがちだが，簡単にいえば，調音の仕方も，人間の性向に似て，楽な方向へと移行する性質があるということである。ただし，留意しなければならないのは，たとえ調音点が労力のいる位置にあったとしても，音自体が聞き手側に好悪の感情を抱かせるような場合は，調音労働の経済性とはかかわりなく，好ましいと聞き手側が判断する発音が選ばれるはずである。

　今では，「シャ行音」はすでに用いられなくなっているが，従来は，「せ」ではなく「しぇ」という発音が標準的であったことはよく知られている。現在でも，一部の方言で残されているが，「せんせい」のことを「しぇんしぇい」と発音する地域もあるという。私たちは，このような標準語から逸脱した発音に対して，つい違和感を抱いてしまう。しかし，昔，京に都があった時代には，「せ」の方が野暮ったい発音であり，「しぇ」が標準語として用いられていたわけである。このような言葉は，古語の音を残していることがあり，国語史を通時的に概観した場合に，大変参考になる。「行くべ」という言葉を聞いて，可笑しいと感じる人は，言葉の歴史的変遷に関する書を今一度紐解いてほしい。この「べ」には，古語「べし」が隠されていると知れば，誰しもが，方言には歴史的な意味が込められており，由緒正しき言葉と感じるであろう。つまり，元々は「行くべし」であった平安時代の古語が，「行くべき」に，そして時代を経るごとに，「行くべい」あるいは「行くべ」に変化したのである。

　この音韻の変遷をローマ字化すると，さらに明確になるであろう[2]。

ikubesi→　ikubeki（kの脱落）　→　ikubei
　　　　　　　　　　　　　　　　→　ikube（iの脱落）

音の美醜というものは，あくまで話者や聞き手の「言語意識」に委ねられる性質のものであり，音そのものに本来美醜というものは存在しない。

　では，次に，通時的側面から，この「調音労働の経済性」についてみていきたい。

　例えば，「工場」という漢字に振り仮名をつけるとすれば，わたしたちは，何のためらいもなく「こうじょう」と書くことであろう。しかし，実際には，この平仮名どおりには読んでいない。この発音と文字の違いに気づいている人は，一体どれほどいることだろうか。実際に自分で発音すれば分かるが，この発音をあえて音に忠実に片仮名表記すれば，「コージョー」となってしまう。

　まず，「工」という漢字であるが，元々の綴りは，「こう」[kou]であり，以前は，平仮名表記通りの発音がされていたと考えられる。時代が経つにしたがって，連母音が簡略化され，現在の[ko:]のような発音に変化したのであろう。図1の母音の図を参考にすると分かることだが，/o/の調音の位置から，高母音/u/の位置まで発音することは，「調音労働の経済性」の規則からみても，頗る効率性が悪いといえよう。表記上では，「こう」のままであるが，発音は，仮名文字とは異なり，[kou]＞[ko:]という音価の変遷がみられる。/o/の長音には，狭母音と広い母音があり，一般的に「オ列長音における開合の別」と呼ばれている。この音の違いがあったことは，『邦訳　日葡辞書』の語彙で，表記上の違いがみられることから，当時は，オ例音の違いが存在したことを確認できる。表記上では，「こう」のままであるが，発音は，仮名文字とは異なり，[kou]＞[ko:]の音価の変遷が生じている。言葉というものは，「はじめに音ありき」であり，文字の変化は，いつも音声変化の後に起きるために，表記法が固定化，あるいは規範化すると，ますます文字と音声は遊離してしまう。

以下に,上記で述べた文字と音の変化を記すことにする。

Ⅰ 文字表記
こう(標準の表記) → コー(現在では,正式な表記とは認められていないが,若者言葉のなかでは,用いられている。また,一時的であるが,「棒引き仮名遣い」の文字が導入されていた頃には,容認されていた表記である)。

Ⅱ 音声表記
[kou]＞[ko:]

ここで,同様の例を挙げてもらいたい。あらためて,連続した母音の音声と文字表記の問題を考えると,文字と音が一致しない語彙が実に数多くみられることに気づくはずである。下記に漢字とその振り仮名,そして実際の発音を反映した片仮名表記を記すことにする。

漢字	平仮名	片仮名	漢字	平仮名	片仮名
空港	(くうこう)	クーコー	経営	(けいえい)	ケーエー
功労	(こうろう)	コーロー	生計	(せいけい)	セーケー
想像	(そうぞう)	ソーゾー	平成	(へいせい)	ヘーセー
命令	(めいれい)	メーレー	労働	(ろうどう)	ロードー

ここで,注目すべき点は,文字と音の関係である。先述した例でもみられたが,連母音の場合,調音点を少しでも効率よく発音するために「長音化」という現象が起きている。ただし,長音の場合,現行の表記上の規則においては,何ら影響を及ぼすことはない。

しかし，そうした国語審議会（2002年には，他の審議会と統合，整理され，文化審議会がその役割を踏襲している）における教育上の指導とは別に，昨今では，電子メールや携帯電話が急速に普及し，メールの文の中には，正式な表記では認められていない長音「ー」が多用されるようになっている。特に，若者同士のメールのやりとりでは，「サイコー」「サイテー」「ガッコー」などの表記が目立って使われるようになっている。このような表記上の「若者言葉」の表現に対して，「日本語の乱れ」として，嘆く年配の方も多いことかと思う。自分たちの話す言葉をありのままに表現したいという欲求であろうか，あるいは，互いの仲間意識（solidarity）の表れであろうか，若者のメールのやりとりでは，とりわけこのような表記が目立ってみられる。おそらく，書き言葉において，このような文を目にした年配の人は，近頃の若者は，言葉の書き方も知らないのかと不快感を抱かれるかも知れない。筆者自身も，勿論「日本語表現法」の授業では，このような答案を見れば，「話し言葉」と「書き言葉」の違いを説明し，訂正するかもしれない。しかし，このような長音表記を果して，「言葉の乱れ」であると一笑に付すことができるだろうか。

　筆者は，日本におけるローマ字化問題に関心をもち，国語国字問題の変遷史を研究していくうちに，当時の政府が，上記のような長音の文字表記（特に，オ列音の長音化）を，一時的ではあるにせよ，標準の表記として公認していた時期があったことに注目した。このような表記法は，当時，「棒引き仮名遣い」と呼ばれていたのである。

1.3.2　棒引き仮名遣いとは何か

　明治以降，国語国字問題が大きく取り上げられ，様々な表記上の改良運動が政府主導で行われてきた。1900（明治33）年には，すで

に，小学校令施行規則第十六条において，仮名遣いに関する条文もみられる。そのような中，文部省において，国語調査委員が設けられ，委員長として，加藤弘之（1836 - 1916），委員として後の東京帝国大学文科大学学長上田万年（1867 - 1937）が任命されている。そして，1902（明治35）年には，本格的に国語調査委員会（後に臨時国語調査会（大正10年），国語審議会（昭和9年）へと名称が変更される）の官制ができあがる。

なお，小学校令の改正の施行について特筆すべき点は，「棒引き仮名遣い」，すなわち長音「ー」が標準的な表記法として正式に認められたことである。1908（明治41）年には，廃止されることになるのだが，ほんの短い期間とはいえ，長音「ー」が正式な表記として，当時の政府に認知され，使用されていたことは興味深いことといえよう。

上述したように，現代の若者たちは，このような表記を，携帯電話や電子メールの文では平気で用いている。現代の若者たちの言葉に関する社会現象が，国家による国字政策という枠をこえ，言文一致の「棒引き仮名遣い」を復活させたといえば言い過ぎであろうか。なお，当時の仮名遣いとして認められていた表記として，「棒引き仮名遣い」だけではなく，次のような表記も使用されていたことにも留意されたい。

現在の文字表記	当時の文字表記	音韻変化
カ行音		
「か」	「くわ」	/kwa/→/ka/
「が」	「ぐわ」	/gwa/→/ga/
ハ行音（ただし，文中においてのみ）		
「は」	「わ」	/Φa/→/wa/

| 「へ」 | 「え」 | /Φe/→/e/ |
| 「を」 | 「お」 | /wo/→/o/ |

　棒引き仮名遣いや，上記に掲げた文字を見ると，現代の感覚からすると，やはりどこか違和感を抱かざるを得ない。棒引き仮名遣いは，現代の若者の間で多用されているが，上記に掲げたハ行音の文字は，実際の音価と文字が乖離しているにもかかわらず，現行の文字表記が，若者の間でもそのまま使用されている。

　ここで，棒引き仮名遣いを用いた文の例として，『言語学雑誌』第1巻第9号の「雑録」に掲載された東京帝国大学文科大学言語学科教授藤岡勝二（1872－1935）の論文「ゲルストベルガー氏日本新国字」をみることにしたい。『言語学雑誌』に関しては，後でも取り上げるが，当時，東京帝国大学文科大学の教授の職にあった上田万年が，自らの弟子を中心に「言語学会」を創設し，その機関誌として発刊したものである。その発刊期間は，1900年からわずか二年余りという短い期間ではあったが，今日の種々の言語問題を考える上で，大変重要な意義をもつ雑誌であった。当時のメンバーには，上田の言語学講座を引き継ぐことになる藤岡勝二，K.A.フローレンツ（Karl Adolf Florenz 1865－1939），岡倉由三郎（1868－1935），金沢庄三郎（1872－1967），保科孝一（1872－1955），新村出（1876－1967）など，後の言語学会の中核を担う若き学徒たちがいた。その中心的メンバーの一人，藤岡勝二は，とりわけ言文一致運動に熱心であり，彼の論文にもその言語思想の一端を窺うことができる。

　ここでは，藤岡の文の冒頭部分のみを掲げることにする。なお，文字に関しては，本文のみを旧字体のままで表記することにした。

　独逸國のシャロンテンブルクに居るゲルストベルガーといふ人が

この七月三十一日の日付を以て目下ベルリンに居る法學士粟津清亮君の手を經て帝國敎育會長辻新次氏の許に届けた日本新國字をここに紹介し併せて批評を加へて見よ―と思ふ。

　氏は日本在來の平假字を分解しこれを單音組織にしよ―といふのが最初の思ひ付らしい。

　下線部は，筆者が後で付け加えたものであるが，およそ百年前，当時の言語学会をリードしていた言語学者が，一時的であるにせよ，今の若者と同じような長音表記を用いていたことには，驚かざるを得ない。それでは，現代の若者が携帯電話や電子メールの文中で，このような引く音「―」，例えば，「最高」という言葉に「サイコー」という表記を用いるのはなぜだろうか。当時の社会的状況を鑑みると，文学界における言文一致運動の余波もあり，言語学界においても言と文の一致が求められるようになっていたのであろう。こうした中，政府主導で上記に掲げたような表記が認められるようになったのである。しかし，若者が，「棒引き仮名遣い」だけを用い，他の文字を用いようとしないのはなぜなのか。「くわ」/kwa/や「ぐわ」/gwa/という表記の場合は，すでにこの発音自体が方言（例えば徳島県の方言には現在でも使用されている）を除けば，実際に話す人がいないため，次第に使用されなくなったことも頷ける。では，「は」「へ」「を」の場合はどのように解釈すればよいのだろうか。

　例として，次の文章をパソコンで打ったとき，文字と音はどのような関係にあるのか考えてもらいたい。

①　わたしは学校へ行って，国語を勉強した。
　これを，音声に忠実に表記してみると，以下のようになる。

②　わたしわ学校え行って，国語お勉強した。

②は，かなり違和感をおぼえる文章ではあるが，実際の音声に近い文章は当然②の方である。最近のワープロの機種は，性能がよくなったためか，誤記であることを示す波線が表われる。話し言葉からら抜き言葉まで，あらゆる文体が規範から逸脱した文章とみなされ，ご丁寧にもこのような機能までが付加されているのである。ただし，言文一致運動がさかんであった頃には，このような文章がたびたびみられたのである。否，現在でも，著名な国語学者が書いた文章の中に，時々このような波線が表れたりする。こうした現状をみると，「規範」というものに私たちが，どれほど惑わされ，時に文章を書く際の桎梏となっているかが分かることであろう。

　先ほどの，「棒引き仮名遣い」の件であるが，結局，現在全く使用されなくなったのは，文中で用いられる「わ」「え」「お」の文字である（以前には，保科孝一や思想家タカクラ・テル（1891－1986）が率先してこのような文字を使用していた）。筆者は，おそらく，上記のいずれの文字も，格を表示する機能（主格，向格，対格）を有し，実用的な機能を有しているからだと考えている（もっとも，そこまで，若者が文法的機能を意識し，このような表記を用いているとは思われないが……）。

　「棒引き仮名遣い」に関していえば，そのような格の機能は全く存在しない。むしろ，ありのままの音声を表記することは，理にかなっているともいえよう。ここで，特筆すべき点は，一時期とはいえ，国家の下，「棒引き仮名遣い」という表記法が，規範的な文字として認知されていた時代があったということである。そして，この文字を再び，復活させたのは，国家の国字政策ではなく，「若者言葉」という社会的変種の存在であったという事実なのである。若者の言語文化というものは，時に，国家の枠を超え，個人の言葉にも大いに影響を与えるものなのである。

　以上，「棒引き仮名遣い」という現象を通して，文字と音の変化

に関して若干の考察を試みた。興味深いのは，国家政策として文字表記が制定されたとしても，若者はそのような国家の政策とはかかわりなく，自分たちの考えをありのままに表出し，文字を創り出していこうとすることである。このような社会現象の是非はともかく，現在の絵文字や顔文字などがその代表的な例と考えてよいであろう。ただし，絵文字や顔文字などの場合は，長音記号とは異なり，実際の音声を文字化しているわけではない。また，否定的な側面に目を向ければ，それだけ若者が微妙な言葉のニュアンスを表わす能力を喪失したという一面があることを看過できないであろう。なお，本来の「棒引き仮名遣い」とは，オ列音の長音化のみを指しているのだが，ここでの若者言葉の表記とは，「引く音ー」全てを含めることにしたことを注記しておきたい。

　本節で重要な点は，規範的な文字表記に慣れている年配の人なら，おそらくこのような若者の文字に対して，否定的な見解をもたれるであろうが，国字の歴史的変遷を顧みると，現実的には，一時的であるにせよ，百年ほど前の国家においては，正式な国字として採用されていたという事実である。かなり高齢の人でも，このような表記が実際に正式な国字として認められていたことなど，思いもつかないことであろう。勿論，その後は，実際の音声に少しでも仮名を近づけようとする言文一致体の運動が廃れるにつれ，政府も国語国字問題に対する政策の転換を余儀なくされ，上記に掲げた表記を認めない方針に変わることになった。

　しかし，注意しなければならないのは，このような政府の方針とは無関係に，若者文化というものが，今自分たちが話している音声をありのままに表現したい，あるいは，規範という枠にとらわれたくないという気持ちから，かつて国家が認めた「棒引き仮名遣い」を復古させたことである。このような現象は，文字と音声の関係をもう一度わたしたちに考えさせる契機となる好個の例といえるであ

ろう。

　ところで,「は」「へ」「を」の文字と音の関係であるが,ワープロを用いる時は,いずれの文字も実際の音価とは異なった文字を呈しているのはなぜだろうか。①の文をワープロで打つとき,②の文を意識しているであろうか。わたしたちは,自らの文字にあまりにも慣れてしまい,文字と音の違いに対する感覚が鈍化していることは否めない事実であろう。

1.3.3　音素の脱落
　まず,次の言葉の語源を考えてもらいたい。

　朔「ついたち」

　この言葉の語源であるが,歴史的な変遷を考慮すると,「月立」（つきたち）の音便形と考えるのが妥当であろうが,この音韻変化を訓令式ローマ字表記法で表すと次のようになる。

　tukitati「月立」　＞　tuitati「朔」

　上記のローマ字表記をみれば分かるが,いうまでもなく,tukitatiの/k/の音素が脱落している。すでに,1.3.1の「連母音から長音へ」で述べたことであるが,母音が連続すると,より発音しやすい長音に変化することがある。この例においても,$V_1CV_2 \rightarrow V_1V_2$という変化を遂げているが,Cに該当する音素は/k/であることが多い。おそらく,母音を発音した後,すぐに上口蓋のなかでも奥に位置する軟口蓋音を発音し,再び母音に戻って発音することは,調音労働の経済性から考えてみても,きわめて効率が悪いからであろう。また,ここで重要な点は,たとえ子音が脱落したとしても,意味の分

化が生じることがないという点である。したがって，子音が脱落し，この場合には発音のしやすい連母音という現象が起きたのであろう。ただし，さらに時代が遡り，古代日本語になると，連母音は忌み嫌われる発音であり，現在の「なげき」(nageki) も元来は，「ながいき」(naga+iki) から派生したことが知られている。古代日本語には，4母音しかなかったという理由の証左は，この連続した母音の影響がある。例えば，高/tak<u>a</u>/ + 市/<u>i</u>ti/→高市「たけち」/taketi/と変化するのは，/a/ + /i/ = /e/に融合したために生じたと想定したのである。このような変化によって，母音の/e/が，定着したと考えるわけである。なお，上記の例は，いずれも大野晋（1919－）の『日本語の文法を考える』(1978) の中でも取り上げられている。ただし，この/e/の音素であるが，上代特殊仮名遣いでは，エ列乙類と考えられており，実際には，/ë/と表記されることがある。

例えば，典型的な例として次の動詞「聞く」のローマ字化した活

  kiku「聞く」

  kik + a + nai　　（未然形）
  kik + i + masu　（連用形）
  kik + u　　　　　（終止形）
  kik + u + toki　　（連体形）
  kik + e + ba　　　（仮定形）
  kik + o + u　　　（意向形）

図4　動詞の活用変化のローマ字化

用をみてもらいたい。

　この動詞の活用をみるかぎりでは，実に規則的な語構成をとっていることが分かる。すなわち，(語幹+母音交替+接辞)となり，母音も，a～i～u～e～oという交替をしている。

　しかし，この活用で注目すべき点は，kikimasu「聞きます」という連用形である。日常生活では，むしろこの文字以外に，「聞いて」という形式のほうがよく使われるのではないだろうか。「聞いて」は，ローマ字転写に直すと，「ki+i+te」となり，子音/k/が脱落している。この現象を生成音韻論的観点からみると，次のようになる。

$$[k] \rightarrow \phi \ / \ \_\{ite\} \quad \text{（k脱落規則）}$$

図5　生成音韻論的観点による脱落規則

　現代日本語では，kikite「聞きて」という言葉の実例がないが，古語の例から判断して，この場合も，$V_1CV_2 \rightarrow V_1V_2$という現象が，C=kという環境で起こったと考えて良いであろう。

1.4　言語意識と音韻変化

1.4.1　ハ行転呼音　－日本文化との関係－

　前章で挙げた「は」と「へ」であるが，文中において，なぜあのように，実際の音価と異なるのだろうか。文字は，本来，音を表記するものだが，通時的にみれば，はじめの二つの文字は，「ハ行転呼音」という音韻の変遷を経て，現在の音価に変化している。

　以下に，語中のハ行音が，どのような変化を経て，現在の音価に変化したのか示すことにする。

現在の文字表記　音韻変化（ただし文中のみ）

「は」　　　　　　　[Φa]　＞　[wa]

「へ」　　　　　　　[Φa]　＞　[we]　＞　[e]

　[Φ]は，ちなみに「両唇摩擦音」であり，国語学の用語では，現在でもFと表記されるのが一般的である。このような通時的側面を強調するあまり，国字の表記を変更すると，元の文字が不明になり，当時どのように話されていたか分からなくなると主張する研究者もいる。例えば，現在は，使用されなくなった「ゐ」[wi]や「ゑ」[we]という文字も，現代日本語のように，「い」や「え」に変更してしまうと，日本語の音韻体系の歴史的変遷が分からなくなるということである。したがって，現在でも，（居る）「いる」を「ゐる」に，（井戸）「いど」を「ゐど」という表記に回帰することを唱える人もいる。しかし，前節でもみたように，言葉の規範というものは，常に変化する可能性を内在させていることを忘れてはならない。上述したように，かつて，「サイコー」「サイテー」などの表記が規範として存在していた時代があったのである。

　では，本節の最も重要な問題である「言語意識」と音韻変化の関係について考えることにしたい。金田一春彦（1913 －）は，江戸時代の国学者黒沢翁満（1795－1859）が述べた言葉を，『日本語　新版　上』（1988）で引用し，次のようなことを述べている。

　もっとも，上代の日本語では，pや（それから転じたΦや）wが今より多く用いられていた。が，江戸時代になると，国学者・黒沢翁満（原文では麿）などは「ハヒフヘホの音を唇にてはじきて，唱ふることあり。（中略）これは最もいやしき音にて，今の世と言へ

どもすこし心ある人は常の詞にすら使ふこと稀なり」と言って，唇を使う音に対する嫌悪の情を表明している。

　上記の文から，まさしく当時，唇を使う音が恥ずかしい音であるという言語感覚を，当時の人々が有していたことを窺い知ることができる。筆者は，ハ行転呼音の原因を，単に調音労働の経済性だけで説明することはきわめて難しいと考えている。むしろ，この音声変化の原因となったのは，他者からの「恥の概念」ではないだろうか。この音韻変化に関しては，やはり話者の言語意識が大きくかかわっているとみてよいであろう。欧米では，このような社会言語学的研究は進んでおり，音韻変化を誘因する原因と社会階層との相関関係が実証的に研究されている。とりわけ，下層中産階級（lower middle class）に属する層の人々は，少しでもよい階級に上がりたいために，過剰修正（hyper correction）という現象を起こすことから，言葉の音韻的側面と階層が密接にかかわりをもっていることが指摘されている。この現象に関しては，すでにW．ラボフ（William Labov 1927 -）が『ニューヨーク市における英語の社会階層』（The Social Stratification of English in New York City）（1966）において，きわめて実証的な研究を試みている。

　一方，日本では，この分野については，後述するが「恥の概念」という言葉がキーワードになっていると考えられる。

　日本語学に関する分野ではないが，「日本文化論」の分野において，ルース・ベネディクト（Ruth Fulton Benedict 1887 - 1948）が，名著『菊と刀』（1967）の中で，「義理」と「恥」という言葉を通して，日本人の性向の二面性について鋭い考察をしている。筆者は，やはり日本語の変化と「恥の概念」とは大きなかかわりがあるとみている。日本人の気質的特徴には，自らの考えに基づく行動より，他者に自分がどのようにみられているのかという点を重視する

傾向にある。価値判断の基準が，欧米とは異なり，「世間」の目というものが，行動基準の指針となっているのである。このような，日本人の性向が，勿論言葉の上でも影響を与えている。日本人論の代表的著書として，『甘えの構造』(1971) がある。著者土居健郎 (1920 -) は，精神科医の立場から，恥の概念の規定を罪と関係付けている。土居は，他の著書では，言葉についても言及しており，言語学界で知られているサピア・ウォーフの仮説についても，例として掲げている。この点に関しては，6章で詳しく取り上げたい。

欧米では階層と言葉の関係が言葉の変化を大きく左右することについては，すでに述べたが，筆者は，日本社会においては，言葉を変化させる最も大きな要因は，「恥の概念」という「言語意識」ではないかと考えている。勿論，言語意識といっても一様ではなく，様々なヴァリエーションを有しているが，ここでは，他者からみた「恥の概念」とでも規定しておきたい。

本節で取り上げた「ハ行転呼音」という音韻変化の原因は，「調音労働の経済性」という観点からもみることができるが，むしろこの現象を誘因した最大の原因は「言語意識」であると考えられよう。唇を使う発音が，いったん下卑た音であると，同じ言語を話す者同士，すなわち，言語共同体の中で認識されると，次第に人はその音を使わないようになるのも当然の理であり，結果的に音韻変化を誘因することになるのである。唇を用いる音は，世界の言語を概観しても，かなりみられるし，関西では「う」の実際の音価は，円唇化している場合があることから，本来音自体に美醜は存在しないことは容易に想像がつく。

以上，音韻変化の原因を「言語意識」の側面からみてきたが，音韻の変化の現象は，単に調音労働の経済性だけでは，説明できない場合もあることは確かであろう。

1.4.2 音位転換（metathesis）

次の例をみてもらいたい。

古語からの変化
あら<u>た</u>し　　　　　→あ<u>た</u>らしい　/aratasi/→/atarasii/

漢字の音からの変化
「山茶花」さん<u>ざ</u>か　→さ<u>ざん</u>か　/saNzaka/→/sazaNka/
「秋葉原」あき<u>ばは</u>ら→あき<u>はば</u>ら　/akibahara/→/akihabara/

　音位転換といっても，実際には，日本語の音節構造が，基本的にCVという結合であるため，音の変化というより，音節の変化と言い換えることができるかもしれない。それでは，なぜこのような音位転換という現象が起こるのであろうか。筆者は，このような変化にも，話者の言語意識が大きく作用していると考えている。1.3.2では，「棒引き仮名遣い」の例を取り上げ，言語変化を起こす原因として，一種の若者文化が関係していることについて言及した。いつの時代も，若者は，現状から脱し，少しでも流行の先端を追おうとする。そのような若者の心的状態が，言語の変化にも如実に表れるものなのである。音位転換の場合も，規範的な読み方を避け，わざと逆の読み方をすることによって，新奇なイメージを創り出そうとしている。一時期，流行した言葉の中には，死語となった言葉もあるが，一般の人にも浸透し，やがてはその言葉が規範的な読み方として採用されることもあり得るのである。

　また，ある職業だけで通用する言葉が，一般の人にも用いられるようになることもある。「おひや」「しゃもじ」など女房言葉も，元は宮中だけの言葉であったが，時代を経て，一般の人にも浸透するようになったのである。また，元は，業界用語であった言葉が，一

般の若者も用いるようになった言葉に，次のような例がある。

　サングラス　＞　グラサン（業界用語）

　このような例も，若者同士の仲間意識の表れとみなすことができるが，ここでは，モーラ（拍）という観点からみたい。モーラとは，基本的には，仮名文字一字分がこれにあたるが，「しゃ」「きゃ」などの拗音を含む場合は，1モーラとなる。ここでは，専門用語であるモーラでなく，「拍」という言葉を用いたい。本来なら，「サングラス」の音位転換なら，「グラサンス」か「グラスサン」になりそうだが，実際には，「グラサン」に変化している。これは，日本語の拍の特徴とも関係があり，日本語の最も基本的な拍は，4拍だからである。また，ここで注目したいのは，拍の基調に合わせるために，言葉の省略が起こっていることである。なお，撥音「ん」，引く音「－」は，それぞれ1拍分として数えることができる。
　次に，若者言葉の特徴である「省略語」について考えてみたい。

1.4.3　省　略　語
　まず，今思いつくままに省略語を挙げてもらいたい。日本語の語彙には，実に多くの省略語が散在しているが，次にいくつかの諸例を挙げたい。

　　パーソナルコンピュター　＞　パソコン　　（機器名）
　　デジタルカメラ　　　　　＞　デジカメ　　（機器名）
　　東京大学　　　　　　　　＞　トーダイ　　（大学名）
　　インフレーション　　　　＞　インフレ　　（経済用語）
　　カメラリハーサル　　　　＞　カメリハ　　（業界用語）

若者言葉には次のような例がみられる。

ガソリンスタンド　　　　＞　ガソスタ
プリントクラブ　　　　　＞　プリクラ
ゲームセンター　　　　　＞　ゲーセン
コンビニエンスストア　　＞　コンビニ

先に述べたように、日本語の略語として、4拍の言葉が好まれるのは、上記のような普段用いられている語彙からも分かる。また、このような省略語をみると気づくことだが、どの省略語も、語頭の部分を残していることである。勿論、例外もあるが、なぜこのような省略の仕方が行われるのだろうか。

この原則について、窪薗晴夫（1957－）は『新語はこうして作られる』（2002）の中で、次のようなことを述べている。ただし、ここでは、省略語の代わりに、短縮語という用語が使われている。

短縮語の多くが語中や語末ではなく語頭の部分を残すのは、その方が元の語を容易に想像できるからである。語頭を残した方が他の部分を残す場合よりも、原語の復元が容易なのである。この原理を逆の方から眺めてみると、語頭以外の部分を残せば、周りの人に元の語が（つまり話し手の意図する語が）何であるかわからない、という推論が成り立つ。

また、現代のファッションや流行と関係深い音楽、映画、などのエンターテインメント産業に関する語彙は省略される傾向にある。
例を挙げると、以下のような人名の省略語がある。

キムラ　タクヤ（木村拓哉）　　　　＞　キムタク（俳優，歌手）

ミスターチルドレン（MR.Children）　＞　ミスチル（歌手）
ワタナベ　サダオ（渡辺貞夫）　　　＞　ナベサダ（音楽奏者）

　社会言語学という学問分野は，年齢差による言葉の違いである「若者言葉」も研究対象にしている。従来の「国語学」が対象とする学問分野は，文献重視志向であったが，今後は，現代の社会現象を知るためにも，このような現在使用されている言葉の研究も必要となることであろう。なぜなら，若者言葉は，現代の社会現象を映しだす鏡でもあり，言葉から現代社会の本質をみることができるからである。

　先ほどの「拍」の話しに戻るが，4拍の言葉が好まれるのは，現代社会の傾向に限ったことではない。当時，大流行していた半世紀前の映画産業界なら，次の俳優の名前を知らない人はいなかったことであろう。

バンドウ　ツマサブロウ（坂東妻三郎）　＞　バンツマ
エノモト　ケンイチ　　（榎本健一）　　＞　エノケン

いずれの人名の省略語も4拍であることが分かる。本著では，あまり取り上げなかったが，「差別語」も社会言語学では重要な研究分野である。上記に挙げた俳優が主演するモノクロ映画を見ていると，時々，役者の台詞の音声が消去されていることがある。ストーリーの展開から，概ねどのような言葉を話しているか想像できる場合もあるが，当時は，そのような言葉を使用することに問題はなかったのであろう。ただし，現代の社会においては，「差別用語」としてみなされ，使用されることが許可されなかったのであろう。時代による社会的認識の違いが，言葉の上においても反映された結果ともいえるが，言葉に対する認識の違いがどうして生まれたのか，

社会言語学的観点から研究すべき重要な課題と考えられる。「差別語」というものは、決して言葉そのものから生み出されるものではなく、その場の状況などを勘案し、あくまでコンテキストによって判断すべきものなのである。

以上、いくつかの省略語をみてきたが、このような語彙は、若者言葉と大いに関係しており、一種の若者同士が、互いに仲間意識（solidarity）をもちたいがために生じた言葉ともいえる。

ここでは、「言語意識」という観点から、言葉の変化をみてきたが、この変化の最大の原因となるのが、若者言葉における仲間意識である。ここにおいても、他者と異なる言動を嫌う日本人の気質が色濃く反映されていると考えられよう。

1.5 調音点による音韻変化

1.5.1 両唇音における音韻変化

日本語の語彙の中には、似たような意味をもつ言葉がいくつかみられる。例えば、「さびしさ」と「さみしさ」などの言葉もその部類に入れることができるであろう。地域方言を含めると、「さむい」と「さぶい」、「けむり」と「けぶり」、などの例も挙げることができる。ここでは、例として「さびしさ」と「さみしさ」の語彙を比べ、なぜこのような音韻変化が生じたのか考えていきたい。一般的に、漢字で書くと「寂しさ」、「淋しさ」と表記されるが、このように漢字で表記をすると、つい音の本質を見失いがちになる。次のように音素で表記すると、問題となっている音の変化にも気づくことができる。この場合は、「両唇音」/b/と/m/の交替がみられる。

実際の調音の位置については、表1を参考にしてもらいたい。

b　　　　　　　　　　m
/sa<u>b</u>isisa/「さびしさ」　　/sa<u>m</u>isisa/「さみしさ」

　上記に掲げた言葉の差異は，発音記号からも分かるように，子音/b/と/m/の違いにすぎない。表1の日本語の子音体系を参考にすれば分かるが，/b/は，「両唇閉鎖音」，/m/は，「両唇鼻音」の調音の位置にあり，両方の唇を閉じるという点では，何ら変わりはない。

　一度，自身で声に出して発音すれば気がつくが，発音する際の位置は変化していない。表1をみると，縦の位置に関しては，この音素は全く同列にあることが分かる。音韻上の差異の原因は，「閉鎖音」か「鼻音」かの違いだけである。「閉鎖音」とは，音声器官の中の気流を一時的にせき止め，一気に呼気を放つ言語音のことをさしている。一方，「鼻音」の方は，軟口蓋が下がり，鼻腔へ呼気が流出したために生じた言語音のことである。なお，通常，この言語音は，有声音に属している。

　しかし，このような音声上の違いは，あくまで音声学の知識がなければ理解できない。言語話者自らが，日常生活において，常に/b/と/m/の区別を意識し，発音しているわけではない。不思議なことに，わたしたちは，このような複雑な音声の調音方法を知識として理解しなくとも，見事なまでに，二つの音価を使い分けている。では，なぜ，このように音素の変化が生じ，二つの音価が使い分けられるようになったのであろうか。筆者は，上記の例の場合，わずかな意味のニュアンスの違いを一語では表現することができないために，類似した調音点をもつ別の言葉に言い換えたと考えている。

　ただし，どちらの語彙が先に使われていたのか，調音点の近い音の語彙の変遷まで明確にすることは，実際には難しいといわざるを得ない。

『古今和歌集・冬』所収の歌には，次のように/b/の音素を有した「さびしさ」という言葉が詠まれている。

　　「山里は　冬ぞさびしさ　まさりける　人めも草も　かれぬと思へば」　源宗千朝臣(みなもとのむねゆきあそん)

　冬の寂寥感が的確に表現された歌であるが，このように和歌集に「さびしさ」という言葉が残されているからといって，この言葉が先にあったか否かまでは明らかにできない。どちらの語彙が先にあったかどうかという問題は，通常，文献の成立年代に委ねるしかないのだが，文献以前にも，一方の語彙が存在していた可能性も拭いきれないのも事実である。言語学的観点からみると，音の揺れによる音韻変化の経路を完全に証明することは困難であるといわざるを得ない。ちなみに，上記の例は，両方の言葉が，『広辞苑　第五版』に掲載されている。「サビシイ」から転じた「さむしい」という言葉もあり，「サビシ」の古形である「さぶし」という語彙も表れる。なお，この言葉は，『岩波古語辞典　補訂版』にも実例として掲載されている。

　　「白つつじ見れどもさぶし亡き人思へば」（万葉集434）

　では，関西地方でよく使用される「さぶい」はどうであろうか。「寒い」に対する「さぶい」という言葉は，地域方言の一種であり，「両唇音」の交替した語彙である。以下に，先述した音韻変化と同様に音素表記をしてみることにする。

　　m　　　　　　　　　　b
　　/samui/「寒い」　　　/sabui/「さぶい」

「寒い」に対する「さぶい」という言葉は，地域方言と考えられ，ここでは，前の例とは別の変化，/m/＞/b/の音韻変化が起こっていると推定できるが，この場合，両唇音の変化の経緯も実は立証することが困難なのである。この場合，「さぶい」は，地域方言であり話し言葉なのだが，決して現代日本語だけに用いられているわけではない。前述した『広辞苑』では，江戸時代後期を代表する戯作者式亭三馬（1776 - 1822）の『浮世風呂』の例に，「今朝はめっぽうさぶいナァ」というような文も表れる。当時，すでに日常会話として使用されていたことを窺うことができるのである。辞書に掲載されている言葉が古形であり，地域方言がそうではないとはいいきれない。なぜなら，ある言葉が，辞書という権威あるものに掲載されると，言葉の美醜そのものとは何ら関係なく，その言葉は規範化されてしまうからである。いうまでもなく，はじめから規範化された言葉などは存在しない。以前は，方言や俚言と蔑まれていた言葉も，話されている地域が政治的中枢に移ってしまうと，同時に，そこで話されている言葉自体も，あたかも威厳があるかのような錯覚に陥りがちである。

　このように，ついわたしたちは，辞書に掲載されている言葉が権威をもつ古形であると考えがちだが，実際には地方の方言とどちらが古形であるかは判断がつかない場合が多いのである。

1.5.2　歯茎音における音韻変化

　調音点が近い音が揺れる現象として，他には次のような例もある。

```
 n                      d
/noku/「のく」         /doku/「どく」
```

上記の例では,「歯茎鼻音」/n/と「歯茎閉鎖音」/d/が交替している。この場合も, /n/→/d/の音韻変化なのか, /d/→/n/の変化が起こったのか分からない。調音点に関していえば, 表1を参考にすれば分かるように, この場合も, 両方の音素が同じ縦の列にある。

　1. 5. 1の両唇音と同様に, この変音現象も, 調音点が近いため起こり得ることは理解できるが, どちらの語彙が先に存在し, いつどのようにして音の変化が起こったのか, 立証することはできない。変音現象のメカニズムの解明は, 今後の言語学の重要な研究課題となることであろう。

　ところで, 実際にこのような言葉を用いる話者の言語意識は, そのような音の変遷とは無縁であることには留意しておきたい。話者の言語意識に浮かぶのは, あくまで共時的概念しかなく, その言葉がどのような音素の変化によって成立したかなどという通時的概念は存在し得ないのである。

　「のく」という言葉を発した話者が, この言葉が「どく」と同源であるのか, その言語の変遷はどうなのかと考えながら, 話すことはまずあり得ない。何か言葉を発するたびに, この言葉の語源はどうであったかなどと考えてしまうと, 言語のコミュニケーションは成立しなくなるし, 語源意識を打ち消したからこそ, 互いのコミュニケーションが円滑に進むのである。時代的背景は異なれど, 近代言語学の祖であるF.de ソシュール (Ferdinand de Saussure 1857－1913) は,『一般言語学講義』(1916) で, 通時的観念を打ち消すために, 次のようなきわめて鮮烈でインパクトのある言葉を残している[3]。

　過去を抹殺しないかぎり話し手の意識のなかに入ることはできない。歴史の介入は, かれ（言語学者）の判断を狂わすだけである。

当時は，比較言語学の泰斗，J.グリム（Jacob Grimm 1785 – 1863），R.ラスク（Rasmus Rask 1787 – 1832），F.ボップ（Franz Bopp 1791 – 1867）が，「音韻対応の一致」(sound correspondence)という法則を用いて，系譜的関係があると想定できるあらゆる言語を比較し，精力的に祖語の再建に取り組んでいた。そこでは，言語とはあくまで自律的法則によって支配され，変化する存在であるとみなされていたのである。その後，青年文法学派（Junggrammatiker）が現われ，「紙の上の言語」から「音声重視の言語」へと言語理論に対する考えの違いはみられたが，言語を通時的側面から考察するという研究姿勢には何ら変わりはなかった。このような思想に対して，コペルニクス的転回を試みたのがソシュールである。H.パウル（Hermann Paul 1846 – 1921）の有名な言葉である「言語学とは言語史である」というテーゼにみられるように，この頃の言語学界は，あまりにも歴史的な変遷に拘泥していた時代といって良いであろう。当時の状況を鑑みると，ソシュールが共時性という概念に，なぜこれほどまでに固執しようとしたのか，容易に理解できるであろう[4]。勿論，このような概念は，G.ガーベレンツ（Georg von der Gabelentz 1840 – 1893），ロシアの言語学者でカザン学派に属するB.クルトネ（Baudouin de Courtenay 1845 – 1929）など，ソシュール以前に，すでに同じような学説に到達していた学者がいたのも事実である。しかしながら，弟子によって編まれた講義録とはいえ，『一般言語学講義』ほど，今日の言語学界のみならず，人類学，数学，哲学，精神分析学など様々な学問分野に影響を与えた著書は存在しないだろう。日本においても，訳者小林英夫（1903 – 1978）の「言語道具説」，そのアンチテーゼとして生まれた時枝誠記（1900 – 1967）の「言語過程説」も，その思想の原点は，まさしくこの講義録であった。しかし，これ以降，言語学界においては，構造言語学が言語学の主流となり，ソシュールの用いた「ラング」が

重要視され，一回体であり，個人的な性質をもつ「パロール」の存在が次第に軽視されるようになったのも事実である。ソシュールは，同時代のE.デュルケーム（Emile Durkheim 1858‐1917）の「社会的事実」や，W.ホイットニー（William Dwight Whitney 1827‐1894）の思想の影響も色濃く受けている。構造主義は，この後様々な潮流を生みだし，様々な学派に分岐することになるのだが，言語は完結した体系，システムとして機能しているという点では各学説に違いはみられない。それでは，言語変化の問題は，一体どの分野で扱えばよいのか，という素朴な疑問が出てくる。この問題が本格的に解明されるためには，帰納主義から演繹主義へと思想上の大転換を遂げたN.チョムスキーの生成文法を経て，社会言語学の誕生を待たねばならなかったのである。

　ここでは，調音点による音韻変化について，若干の例を提示したが，まず文献上の言葉と地域方言の言葉の変遷を正確に明示することは，実際にはきわめて困難なことであることは断っておきたい。また，調音点が似た位置にあり，意味が酷似した別の言葉が生まれる原因には，様々な要因があると推定できるが，筆者が言語変化の最も重要な要因と考えているのが，話者の言語意識である。「調音労働の経済性」は，確かに言語変化の重要な要因ではあるが，人の心と密接なかかわりをもつ「言語意識」ほど，言語変化を誘因する原因にはならないと筆者は考えている。

2. 語彙の変化

2.1 語種（和語・漢語・外来語・混種語）の変化

日本語の語種を大別すると，和語，漢語，外来語，そして，これら三つの言葉から構成される混種語がある。このうち，最も特徴的な例が外来語を含んだ混種語であろう。

ここでは，まず語彙の変化の例を挙げることにする。

① 和語　→　漢語　→　外来語
宿屋　→　旅館　→　ホテル
長屋　→　集合住宅　→　アパート，マンション

② 漢語 → 外来語
即席 → インスタント　　　主題 → テーマ
挑戦 → チャレンジ　　　　食堂 → レストラン
複写機 → コピー　　　　　百貨店 → デパート

上記に掲げた外来語は，聞き手に新奇なイメージを与えるために変化した語彙と考えられる。言葉がもつ語感という側面も，言葉の変化を牽引する重要な要素になり得るのである。このように，外来語を好む日本人の心性は，和語や漢語より，外来語に何か洗練されたイメージを抱くのであろう。もの自体は変わらなくとも，「日本語」を話す言語共同体が，ある言葉に好ましいイメージを感じると，

今まで用いられていた言葉は死語となり，やがて新しい言葉が採用されるようになるのである。

下記の例は，外来語が含まれない混種語が，外来語に取って代わられた例である。

③　混種語　　　→　外来語
　　乗合自動車　→　バス

勿論，外来語が別の外来語に変化する例もあるが，この場合は，意味の縮小化が生じているといえる。

④　外来語1　　→　外来語2
　　マシーン　　→　ミシン（意味の縮小化）

様々な語種から外来語へと変化する要因には，色々な理由が考えられるが，洗練された言葉を用い，少しでも流行の先端を言葉によって表現したいという話者の言語意識とも深くかかわってくる問題であろう。現代日本語の語彙の中には，上記の語種の中でも，外来語を含む混種語を用いる割合が非常に多くなっていることに気づくはずである。実際に，日本語における混種語の例を思い浮かべてもらいたい。実に多くの混種語が，日本語の語彙体系の中に含まれているはずである。

勿論，時代が経つにしたがって，これらの語彙が，より洗練された言葉に取って代わり，社会的状況によっては，次第に使われないようになる言葉もあるだろう。中には，全く逆の例で，ものは変われど，言葉自体に変化がみられないような言葉もある。例えば，身近な言葉では，「筆箱」や「ゲタ箱」などの語彙もそれに該当するだろう。いずれの語彙も，言葉は残れども，今では「下駄」を履く

人も，筆を持ち歩いている人も見かけることがない。しかし，言葉そのものは，今でも若者の間でも生きつづけている。

ところで，先ほど述べた混種語の例について少し述べておきたい。筆者が，「日本語学」の授業の中で，「日本語の語彙における混種語の例を挙げよ」という題目を出し，受講者に実際に具体例を挙げてもらったことがある。一般的な語彙の例も多くみられたが，現代の情報化社会，あるいは，IT時代を象徴するかのように，パソコンや携帯電話にかかわる語彙も，きわめて多く挙げられていたことも特徴的であった。

以下にその一部を挙げておく。

液晶テレビ　検索エンジン　データ入力　ユーザー機能
電子メール　携帯ストラップ　データ分析　プログラミング言語
送信メール　付加サービス　ダイヤル発信　デジタル化

また，以下のように現代の社会的問題を反映した語彙もみられた。

薬害エイズ　シックハウス症候群
オゾン層　クローン人間

このような情報化社会における外来語の多用化を日本語の乱れとみるべきなのか，また現代社会を反映した進化した言葉とみるべきなのだろうか。

また，次のような省略化された語彙もみられる。

「着信メロディー」→　着メロ
「写真メール」　　→　写メール

「メール友達」　　→　　メル友

　日本語の拍の観点からみると，いずれの語彙も，4拍の省略語になっているのが分かる。

　本章では，詳しく取り扱うことはしないが，言葉の変化において重要なトピックに「語義の変化」がある。例えば，この中には，換喩，提喩なども含まれている。換喩の例としては，元々は，場所を表したものが，その場にいる人のこと（例えば，「殿」などの言葉もそれに該当する）に変化した例などを挙げることができるだろう。提喩については，もう少し詳しく述べてみたい。

　漂泊の歌人といわれた西行（1118 - 1190）に次のような歌がある。

　願わくは花のもとにて春死なん　そのきさらぎの望月のころ

　花の種類といっても，実際には，様々な種類（菊，紫陽花，女郎花，桜など）のものがある。しかし，日本において，通常，「花」といえば，すぐに思い付くのが，「桜」であろう。日本社会に住む人なら，すぐに「花」＝「桜」という図式が出来あがっているはずである。上記の歌も，日本人なら，すぐに「花」とは「桜」のことを指すことが分かるであろう。その他にも，言葉自体には変化がみられないが，語義が変化した例もあるが，ここでは上記の例のみに留めることにする。なお，英語の場合には，時代を経て，意味の変化が起こった例がある。「上昇」（knight，ministerなどがこれに該当する）や「特殊化」（meatが，元は食べ物すべてを指していたこと）などが代表的な例として挙げることができるだろう。

2.2 和語の特性

　日本古来の和語が庶民の言葉であり，漢語が一部の教養人が用いる言葉であるという意識はいつ頃生まれたのであろうか。現代日本語においては，和語も漢語も文字という紐帯で結ばれている点では同じであるが，和語は基本的には，話し言葉に近い「平仮名」で表記され，漢語はいうまでもなく，「漢字」と強く結び付いている。漢語を使うと，指示する対象がたとえ同じであっても，何か権威がある語感があるように錯覚するのは，和語があくまで庶民の言葉であり，漢語というものが，教養人が用いるような言葉であるという意識をもつからであろう。この感覚は，現代社会だけにみられるものではなく，日本に漢字が導入された時期から抱かれたイメージとそう変化はないように思える。当時の文献を紐解くと分かるが，以前は漢語の知識を有することが，教養人の嗜みであると考えられていたようである。

　しかし，漢語が導入された時に，誰しもが，漢語だけを学び，日本古来の言葉である大和言葉を使わなくなったとしたら，日本語は今とは全く別の言語に変化していたかもしれない。わたしたちが，いまだ全貌が解明されていない日本語の系統研究ができるのは，和語が残っているからである。日本語の起源，すなわち，系譜的関係を解明するためには，和語の存在はきわめて大きい。

　さらに，和語に関していえば，その特性として「母性の言葉」と言い換えることができるかもしれない。ドイツ語には，ムッターシュプラーへ（Muttersprache），すなわち「母語」という言葉があるように，今日までの日本語を支えてきたのは，和語といっても過言ではない。言語学者田中克彦（1934 －）は，『言語からみた民族と国家』（1978）の中で，ダンテ（Dante Alighieri 1265 - 1321）が，自らの作品をラテン語ではなく俗語で書いたために，識者から罵詈

雑言を浴びせられたことについても言及している。しかしながら，田中は，ダンテが口語を用いた事実を取り上げた重要性にもふれ，次のようなことも述べている。

　フランス語もイタリア語も，もとはといえば，ラテン語という文語文のくずれであり，方言であった。ラテン語の権威をはらいのけ，くずれた俗語で書こうという強靭な精神の出現なしに，フランス語もイタリア語も成立しなかったのである。男のエリート，出世官僚が漢文の才を競うなかにあって，ひとり女，子供の俗な文芸活動が，とにかく日本語を漢文に食いつくされぬうちに我々のもとにまもりとどけてくれたのではなかっただろうか。日本語のまもり手は，エリートではなく，女と子供だったのである。

　日本語が別の言語に変化することがなかったのは，文筆業に携わる一部のエリートのおかげであると考えがちであるが，実際には，日本語の根幹を守りぬくことができたのは，作家や学者などの一部のエリート集団ではなく，歴史のなかに埋もれた名もなき一般の人たちのおかげなのである。日常生活のコミュニケーションが成立しているのは，文字ではなく剥き出しの音そのものに他ならない。日本語が，これまで，漢字圏の影響を強く受けながら，日本語古来の和語が保持できたのは，文字を解さない人たちが，話し言葉でコミュニケーションをとっていたからである。
　また，このような考えは，話し言葉と書き言葉との関係を想起させる重要な問題を提示してくれる。文字で書かれたものは尊く，話し言葉は一回体のものであり，それほど重要視するものではないということである。しかしながら，果してそうであろうか。確かに，多くの文字，とりわけ漢字を覚えることは，文字と音の開きが大きいため，文字を覚えるだけでも大変な労力を要する。上記の「日本

語のまもり手は,エリートではなく,女と子供だったのである」という文に集約されるように,現実に言葉の変化を抑えたのは,常に話し言葉でコミュニケーションをとる文字の識別ができない人たちであった。また,皮肉なことではあるが,文字の側面からいうと,漢字の難解さが,和語の存在を守ったともいえるのである。

　まず,次の外国語の例をみてもらいたい[5]。

　日本語で「アルバム」といわれる言葉の語源は,ラテン語のalbus「白い」を起源としている。歴史的経緯を述べれば,元来,インド・ヨーロッパ語族のイタリック語派であるラテン語が,フランク族の侵入でblankという言葉に取って代わられるようになったのである。ここでは,詳細には扱わないが,イタリアのラティウムの一方言にすぎなかった言葉が,それまで勢力を誇っていた国家の言語,例えば文字を有しなかったケルト語を侵食したのは,国家間の「言語接触」が起こったからである。勿論,支配者側の言語が,必ずしも被支配者の言語をなくすことはないが,このような場合は,国家による言語政策が重要な意味をもつ。では,簡単にこの語彙の変遷を明示することにしたい[6]。

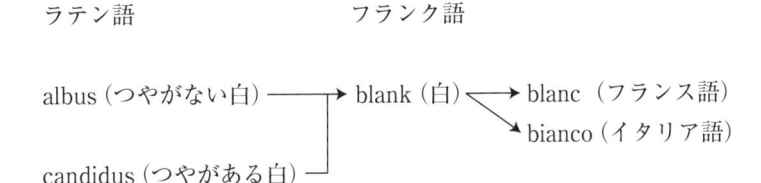

ラテン語　　　　　　　　　フランク語

albus（つやがない白）────→ blank（白）──→ blanc（フランス語）
　　　　　　　　　　　　　　　　　　　　＼→ bianco（イタリア語）
candidus（つやがある白）─┘

　ここでは,言語学的観点からみて,重要な問題が内包されている。それは,元のラテン語では,つやがあるか否かで,「白」という語彙に意味の分化がみられ,その後の語彙になると,意味の分化がなくなり,「白」を示すひとつの言葉で表されていることである。勿

論，当時，ラテン語を話していた人と，現在，フランス語やイタリア語を話す人の色彩感覚の違いがそうさせたのではない。現実の事物を切り取る見方，いわゆる分節の仕方が異なっているのである。わたしたちは，最初からものや概念とそれを示す音があらかじめ決まっているかのように錯覚をしているが，現実にはそのようなことはあり得ない。言葉が眼前にあるものを切り取り分節しているのである。先述したように，ソシュールの言をかりれば「観点に先立って対象が存在するのではさらさらなくて，いわば観点が対象を作りだすのだ」と。

　では，上記のような言語変化を，日本語の言語変化の場合と比較して考えたい。ラテン文字は，音と文字が比較的一致しているため，言葉の取替えも容易である。しかし，日本語のように，和語が漢語に置き換わると，表意性をもつ漢字の表記も覚えなければならないことになり，表音性という特徴をもつアルファベット文字に比べ，かなりな負担を強いられることになる。このように，漢字を習得することが難解であるが故に，語彙が漢語に変化するたびに，漢字表記を覚えることに難渋したことは想像に難くない。実は，この表意性をもつ漢字の難解な点が，日本語が，簡単に漢語に変化することがなかった原因のひとつとも考えられるのである。明治時代には，元来日本には存在しなかった様々な概念が翻訳された。勿論このような翻訳に携わったのは，一部のエリート集団であるが，「哲学」「権利」「自由」「存在」など実に多くの漢語が創出されていったのである。しかし，このような漢語を一般大衆に浸透させることは尋常なことではなかったであろう。なぜ，このような概念を和語によって表現しなかったのか，つまり，自前の言葉で訳語を創らなかったのか不思議に思うが，おそらく，このような用語は，言葉の意味そのものより，むしろ漢語やそれを支えている漢字という威信をもつ文字による視覚的効果もきわめて大きかったのではないかと考え

られる。

　戦時中，国家意識を高揚するために創られた言葉に，「八紘一宇」がある。現在でも，戦意を鼓舞するため，大学の対抗試合などに掲げられる言葉は，四字熟語の漢語が実に多い。「切磋琢磨」「獅子奮迅」「孤軍奮闘」など，力強さを象徴するには常に漢語が用いられている。しかし，戦時中には，敵国である外来語は禁止され，漢語が多用される時代ではあったが，歴史的経緯からすると，漢語といっても，元来は中国からの借用語彙がほとんどである。もし，国家主義的イデオロギーを掲げるとするなら，漢語よりも，本来は日本古来の和語でなければならないはずである。和語のもつ柔らかな響き，漢語のもつ厳粛な音の響きが影響したのだろうか。この場合は，言語や文字よりも，むしろ音の響きが優先されたのであろう。戦時中に漢語が多用されたのは，おそらく人の視覚的要素と聴覚的要素の観点から，漢語が最も適しているとみなされたのであろう。

　ところで，わたしたちは情報化社会を迎え，ますます視覚化されようとする現代社会において，「声」という人間の根源にかかわる営みの必要性を忘れてはいないだろうか。このような時代だからこそ，言葉のもつ本質（古来，言霊という言葉も存在していた）である「声」の重要性が再認識されたのであろう。最近のベストセラーに，斎藤孝（1960 -）の『声に出して読みたい日本語』(2001) があるが，この本がなぜこれほどに多くの読者を魅了したのか。筆者は，この現象は，次のようなことに，原因の一端があるのではないかと推察している。IT時代に入り，若者は互いに会わなくても，電子メールという文字媒体を通して，コミュニケーションをとることができる。しかしながら，ヴァーチャルな映像が好まれ，ますます視覚化する仮想現実世界に対して，かえって「声」という人間の聴覚性の重要性が再認識されたのではないかと考えられるのである。

　なお，上記の漢語の特性については，次節で詳しくみていきた

い。

2.3　漢語の特性

　ここでは，漢語の特性について考えてみたい。板坂元（1922 -）は，その著『考える技術・書く技術』（1973）で，小説家は，普段から，見たことがないような漢語をもっていて，ここぞという文章の箇所で，その言葉を用いる「衒学的(げんがくてき)」な文章表現があることを指摘している。勿論，あまりにこのような表現をひけらかすと，かえって文学的効果を失うことになるが，時にはきわめて効果的な印象を読者に与えることができる。このような方法は，一般的には「衒学的」と呼ばれているが，漢語という語彙に，文字（漢字）と音の響きの両方において，一種の権威づけのような感覚を抱いている日本人の典型的な言語センスを反映している。また，漢字コンプレックスを有している日本人の心性を色濃く反映しているとも考えられる。このような言語意識は，日本人の心性に深く根づいている漢語崇拝ともいえよう。文学史上で，最もこの方法論を効果的に用いた作家として三島由紀夫（1925 - 1970）がいるが，板坂は，この点に関して次のように批判的な意見を述べている。

　三島由紀夫なども，この技術を使いすぎるくらいに使った人である。衒学的(げんがくてき)といってよいほど古語・漢語・外国語がでてくるところが，インテリ読者の衒学好みを刺戟して満足感を与えたところは，大衆文学の場合とおなじことである。あまり乱用すれば田舎娘の厚化粧のようになるおそれがあるが，そのコミュニケーション上の効果は，心得ておくべきことだ。

　英語偏重といわれ，一時は，英語公用語論まで提案された国家に

おいて，英語と漢語崇拝という全く対極にある思想が日本人の心性に同居していることに，あらためて驚かざるを得ない（ただし，偶然ではあるが，両言語ともに，語順に関しては，SVO型に属している点では一致している）。そして，日本語を母語とする日本人自身がこの現象に何ら矛盾を感じていないことも，きわめて不思議な現象であるといえよう。

　明治以降，日本社会において，当時を代表する文化人たちが，漢字廃止論を唱え，否，時には，文字だけにおさまらず，音韻，形態，文法，などの言語要素を構成する言語自体も変えようとする動きもみられた。つまり，日本語自体が不完全であるから，他言語に置き換えようというわけである。この代表的な論者が，明六社の中心的人物であり，初代文部大臣森有礼（1847－1899）の英語採用論である。もっとも，この論に対しては，かえって外国人研究者の方から否定的な意見が述べられた。当初，書簡としてこの意見のやりとりはなされていたが，この日本語廃止，英語採用論に敢然と異議を唱えたのは，日本人自身ではなく，イエール大学教授の言語学者W.ホイットニーである。先述したように，彼は，ソシュールの言語思想にも影響を与えた著名な言語学者であり，彼の助言もあり，ついに，森が提唱した日本語廃止，英語採用論は，実現には至らなかった。ホイットニーの著書 *The Life and Growth of Language* は，保科孝一が，1898（明治31）年に『言語発達論』という題で邦訳している（これは，1900［明治33］年に発刊された第1巻第1号の『言語学雑誌』で紹介されている）。後に，藤岡勝二も『ことばのおひたち』という別題で翻訳しているが，これは藤岡が亡くなった後に刊行されたものである。藤岡の翻訳書には，J.ヴァンドリエス（Joseph Vendryes 1875－1960）の『言語学概論』（1938），アルタイ諸語の文献学的研究では，『満文老檔』（1939）をはじめ数多く残されているが，いずれも彼が亡くなった後に出版されている。

これ以降，前島密(ひそか)（1835 - 1919）の漢字廃止論，南部義籌(よしかず)（1840 - 1917）が「修国語論」で述べたローマ字国字論，哲学者であり『新体詩抄』（1882）の著者である東大総長外山正一(とやままさかず)（1848 - 1900）が唱えた羅馬字国字論，山下芳太郎（1871 - 1923）を中心としたカナモジカイ（元々は仮名文字協会と称されていた）の国字運動などがあり，保守的な漢字論者にはきわめて受難な時代であったと考えられる。

　また，よく知られた例としては，小説の神様といわれた志賀直哉（1883 - 1971）までが，『改造』において，フランス語採用論を唱えたことがある。確かに，18世紀にA. リヴァロール（Antoine de Rivarol 1753 - 1801）は『フランス語の普遍性について』（1784）の中で，「明晰でないものはフランス語ではない」（Ce qui n'est pas claire n'est pas français.）という言葉を残している。フランス語にそれほど堪能とはいえなかった志賀が，本当に日本語を廃止してまで，フランス語を国語として採用するつもりであったのか，その真意は判然としない。本当に美しい言葉などはあるのだろうか。リヴァロールのいうフランス語といえども，元来は，ラテン語から分岐した言葉であり，見方によればラテン語の「乱れた言語」ともみなすこともできるのである。このような一連の漢語，漢字排斥運動に対し，漢字廃止論を強硬に斥けようとした学者に，哲学者井上円了（1858 - 1920）がいる。井上は，当時の漢字廃止論の学者が多数を占めるなかで，『言語学雑誌』の中で，漢字不可廃止論を唱えている。

　筆者自身は，漢語は一種の権威づけの象徴であり，「父性の言語」と言い換えることができるのではないかと考えている。漢字という権威ある文字を媒介にして，漢語は我々に言葉のコミュニケーションという役割以外に，権威づけをもたせ，難解な「語感」をもつ語彙であるというイメージを喚起させる。現代でも，法律上の専門用

語，諸官庁の公文書から，宗教の経典に至るまで，あらゆる分野で，このような権威づけが必要となる場合，漢語が用いられることは，しばしばみられることである。

では，最後に漢語における文字との関係についてふれておきたい。世界の言語を概観すると分かることだが，文字と言葉の関係を考えた場合，文字をもたない言語もかなりあることも忘れてはならない。また，たとえ文字があったとしても，話し言葉と書き言葉が遊離した言語も存在する。言葉の本質を知る上で，文字と音の関係はきわめて重要な問題であるといえよう。

翻訳論が専門である柳父章（やなぶあきら）（1928－）は，『翻訳語成立事情』（1982）の中で，「カセット効果」という名をつけて，明治期，様々な語彙の流入に対し，日本語の翻訳語彙が成立した事情について，きわめて綿密な分析を行っている。柳父は，このような現象に対して，次のような説明をしている。

カセットcassetteとは小さな宝石箱のことで，中味が何かは分らなくても，人を魅了し，惹きつけるものである。「社会」も，「個人」も，かつてこの「カセット効果」をもつことばであったし，程度の差こそあれ，今日の私たちにとってもそうだ，と私は考えている。

この前文において，柳父は，明治以降，様々な語彙が翻訳される過程で，多数の読者に理解できない言葉がでてくる事に対して，次のようなことを述べている。

長い間の私たちの伝統で，むずかしそうな漢字には，よくは分らないが，何か重要な意味があるのだ，と読者の側でもまた受け取ってくれるのである。

このような漢字に対する感覚は，まさに「漢字の呪術性」に他ならない。この典型的な例が仏典であろう。漢字の呪術性に関しては，すでに柿木（2000）においても，詳しく述べておいたが，仏典とは，本来，古代インド語のサンスクリット語の漢訳であり，その漢訳仏典を，日本語で読んでいるにすぎない。特に，日本では『般若心経』が最もよく知られているが，『般若心経』のような漢字だけで書かれた文をみると，何か文章が呪術めいた有り難い言葉の渦であるかのような印象をうけるのはなぜだろうか。例えば，「般若」とは，漢字で書くと何か恐ろしい般若の面でも想起するかもしれないが，実際に，古代インドのサンスクリット語では「智慧」という意味を表している。『般若心経』自体が，漢訳仏典をそのまま日本語で読んでいるだけであり，別段難しい内容を説いているわけでないことはすぐに分かる。しかし，漢語を使うと，指示する対象が同じであっても，何か権威ある言葉のように錯覚するのは，漢語があくまで漢字という文字に庇護されているため，難解な言葉であるという先入観をもつからであろう。

2.4　外来語の特性

　本節では，外来語について考えてみたい。外来語は，通常，片仮名で表記されることが多く（勿論，意味を考慮した「倶楽部」などという単語は例外ではあるが），現在の日本語の語彙体系においても，英語からの借用語彙がきわめて多くみられる。とりわけ，外来語は，流行の先端を象徴する語彙でもあり，流行に敏感な若者に仲間意識（solidarity）をもたせる語種ともいえる。

　本節では，この外来語の特徴について若干の考察をしてみたい。先述したように，新奇なイメージを好む若者は，普段用いている言葉を使わないで，他の世代の人たちには解し得ないような，新鮮で

洗練された言葉を創り出していこうとする。時に，外来語の中にも，和製英語のような本来の英語には存在し得ない言葉もみられる。外来語の歴史的変遷を概観すると，安土・桃山時代には宣教師の布教活動とともに，ポルトガルから数多の外来語が導入されている。そのいくつかは，現在でも日常用語として用いられている。江戸期になると，鎖国という政策が取られ，きわめて閉塞的な社会的状況に入ることになる。唯一，長崎の出島において，清とオランダの交易だけが許可されたのみで，一般に外来語が借用されることはなかった。明治期になると，すでに述べたような，これまでの日本には存在しなかった概念が次々と導入され，それに対する訳語が新造語として創出されるようになる。その後，医学用語におけるドイツ語や，ファッション関係の語彙の多いフランス語が借用される。数としてはそれほど多くはないが，ロシア語，朝鮮語なども含まれている。

　ここでは，このような直接的に日本語に借用された語彙に関する話は別にして，外来語を用いて，どのように新造語が創られているのか，その過程についてみていきたい。

　それでは，新造語が生まれる原因はどこにあるのだろうか。ここで最も重要な点は，H.パウルが指摘した「類推」（analogy）という言語現象である。パウルは，ソシュール以前の青年文法学派に属する言語学者であるが，個人の心理の側面を重視し，心理学者H.シュタインタール（Heymann Steinthal 1823 - 1899）の影響を受けている点で特異的な存在といえるであろう。彼の著書『言語史の原理』（Prinzipien der Sprachgeschichte）では，類推という用語を使って，新語が創られていく過程が明解に説明されている。

　日本語においても，外来語として導入された語彙が，次々と類推形成により新語として創られていく。下記の例にみられるように，このように，新しい言葉を創る牽引役になるのが若者であり，外来語による新語は若者言葉に多くみられる現象である。

例えば,次のような諸例で考えてみたい。

以下のような外来語は,名詞から転成した動詞(denominal verb)であり,類推形成によって新語が創られていき,やがて「若者言葉」として浸透していった語彙である。次に掲げる例はいずれも,実際に学生に聞いて採集した言葉である。

まず,ここでは一般にも用いられているパソコン用語を挙げることにする。

クリック(名詞):クリックする(動詞)=オン:X
X=オンする

さらに,次のようなパソコン用語によく使用される語彙もみられた。

オン:オンする=バグ:X
X=バグする

今までは,「スウィッチをオンにする」という言い方はあったが,現在では「オンする」という用例がみられるのである。
同様に,非常に動揺する状態のことを,「パニくる」という言葉で表現することがあるが,これも一種の若者言葉と考えて良いであろう。また,用例こそ少ないが,次のような語彙もみられた。

パニック:パニくる=フィニッシュ:X
X=フィニる

このような場合,本来なら,パニックする,フィニッシュする,

と変化することが予想できるが，実際には，この場合は省略語の「パニくる」「フィニる」という新造語が用いられている。

さらに，若者が集うファーストフード店の名前をとって，動詞化する例もみられた。

パニック：パニくる＝モスバーガー：X
X＝モスる

なぜかくも，若者は，次々と新造語を作り出していくのだろうか。また，すでに述べたように，省略された語彙も非常に多い。IT化時代に入り，高度情報化社会の波が次々と押し寄せる今日，言葉においても，スピード化された時代に対応するかのように，省略語が使用されるようになるのであろう。

このような語彙を，若者が仲間同士で使用することに対し，筆者は別段異存はないし，特に日本語の乱れとは感じられない。否，このような新造語がやがて一般の人々にも浸透していき，元々は若者の単なる流行り言葉であった語彙が，辞書という権威あるものに掲載されると立派な日本語の語彙体系として認められるようになるのである。

ここで，外来語のマイナス面にもふれておかねばならない。代表的な例は，最近は是正される傾向にあるものの，お年寄りに対する役所言葉である。外来語の特徴として，同じ意味を表す言葉であっても，何か洗練されたイメージをもつ外来語が好まれるためであろうか。確かに，若者をターゲットにしたショッピングセンター（これも外来語であるが……）では，不必要なまでに外来語が用いられている。筆者は，基本的には，言葉は，誰が，誰に，何を伝えるかが重要な要素だと考えているため，言葉の乱れとは考えてはいないが，ファッション雑誌の文中に埋もれた不明確で意味不明な外来語

には閉口せざるを得ない。また，場面に応じて是正すべき不必要な片仮名言葉もみられる。

以下に，少し古いデータではあるが，1997年に，統合以前の国語審議会が調査した外来語の認知度のパーセントを挙げてみることにする。

アイデンティティ　　（自己同一性）26％
ボランティア　　　　　95％

さらに，一時問題となった「インフォームド・コンセント」は，意味が分かるのは19パーセントにすぎなかった。現在も，それほどこのパーセントに違いがあるとは思われない。また，アイデンティティという言葉を使う人は，どれほどの共通認識をもっているのだろうか。これこそ，先述した「衒学的な手法」といえまいか。

とにかく，福祉，医療にかかわる不必要な外来語（例えば，デイケアーセンター）は，早急に是正し，少しでも分かりやすい言葉に変えてもらいたいと願っている（本書を執筆している間，2002年12月25日に国立国語研究所が63語のカタカナ言葉を，高齢者にも分かるような漢字や平仮名に言い換えることを提案している。この中には，先に挙げた「インフォームド・コンセント」も含まれている）。

以上，述べた和語，漢語，外来語の語彙の特徴を簡単にまとめてみると，概ね次のようにまとめることができるであろう。

　語種　　　言語特徴

　和語　　　母性の言語　　（一般大衆が日常生活で用いる言葉である。文字については，平仮名で表記されることが多い。）
　漢語　　　父性の言語　　（権威の象徴と結び付くことがあり，概

ね漢字で表記される。)

外来語　　若者の言語　　(流行に敏感な若者世代にしばしば用いられる。片仮名で表記されることが多い。)

2.5　日本語とアルタイ諸語の借用語彙
　　　ーとりわけ仏教用語の導入経路についてー

　ここでは，少し専門的な例になるが，日常化した宗教用語，特に仏教用語について，どのような語彙がみられるのか若干の考察をしてみたい。また，このような起源をもつ語彙は，サンスクリット語起源がほとんどであるが，他の言語でも同じような語彙が用いられていることについてもふれたい。

　日本語には，仏教伝来以降，様々な仏教用語が借用されてきた。仏教が日本に根づくと，次第に仏教用語が定着するようになり，現在も日常用語としてわたしたちの生活用語の中に深くとけこんでいる。特に意識せずに使っている「ことわざ」なども，その部類に入るだろう。また，借用語の導入によって，従来使われていた「ことわざ」が駆逐されることもあり，仏教用語を用いたことわざに変化することもある。

　一方，日本語と系統関係が深いとされているアルタイ諸語ではどうであろうか。アルタイ諸語は，モンゴル語，チュルク諸語（狭義にはトルコ語も含まれる），満州・ツングース語によって構成されている。本節では，この中のモンゴル語の仏教語彙に注目し，チベット仏教（ラマ教という用語を使う人もいるが，モンゴル人自身はチベット仏教を好むことが多い）を導入したこの言語が，借用経路は異なるものの，日本語の仏教用語と同様に，日常用語として使われていることも取り上げたい。さらに，日本語とモンゴル語の借用語彙を比較した場合，その導入経路にはかなりの相違点がみられる

ことにも言及していきたい。

　チベット仏教を信奉するモンゴル語においても，日本語と同様，たくさんの仏教用語が借入されている。日本語とモンゴル語では，仏教語彙の来源経路は異なるものの，両語ともに本源はサンスクリット語であり，同一の仏教用語が用いられている。

2.5.1　日本語における仏教借用語彙について

　上記においても述べたように，日本語の仏教語彙の起源は，いうまでもなく，サンスクリット語である。しかしながら，サンスクリット語から直接借用されたわけではなく，サンスクリット語から翻訳された漢訳仏典を通して，日本語の語彙の中に借用されたものである。本章で取り上げるモンゴル語の仏教語彙も，かなり複雑な導入経路を通して借用されているが，同一のサンスクリット起源の語彙であることに違いはない。

　今，思いつくままに，日本語とモンゴル語の仏教語彙を挙げてみても，以下のように数多の共通した語彙に気づくことができる。なお，本節で用いる言語名の略語は以下の通りである。

ja.	日本語
mong.	モンゴル語
skt.	サンスクリット語
tib.	チベット語
uig.	古代ウィグル語

skt.	mong.	ja.
asura	asuri	「阿修羅」
bodhisattva	bodistv	「菩薩」

kalpa	galab	「劫」
maṇḍala	mandal	「曼荼羅」
pāramitā	baramid	「波羅蜜」
sūtra	sudur	「経」

日本語の仏教に関する語彙には，次に掲げるように，すでに日常化している語彙もみられる。ここでは，サンスクリット語と日本語における仏教用語を用いたことわざを記しておく。

skt.	ja.	
amitābha	「阿弥陀」	「阿弥陀かぶり」
candana	「栴檀」	「栴檀は双葉より芳し」
dharma	「達磨」	「達磨屋」

さらに，上記の例以外に，今では仏教的ニュアンスが失われた語彙も現われる。

skt.	ja.
arbuda	「痘痕」
dāna	「旦那」
dānapati	「施主，檀家」
kapāla	「瓦」
pātra	「鉢」
sahā	「娑婆」
śarīra	「舎利」

堀井令以知（1925 - ）の『語源をつきとめる』（1990）によれば，skt. dānaは元来，仏教用語で「施し」の意味であったという。また，śarīra「舎利」は，米が仏舎利のごとく尊いものであったことから，そのように名づけられたと考えられている。

このように，日本語に借用される仏教語彙には，原義であるサンスクリット語を離れて，別の意味に変化することも多い。また，元来は特殊な仏教用語であった言葉も，時代とともに，日常用語に用いられるようになる。ただし，その来源経路に関しては，前述したように，漢訳仏典を通じて日本語に借入されたものである。次項では，日本語に比べ，きわめて複雑な来源経路を呈するモンゴル語を取り上げ，詳細な考察をしてみたい。

2.5.2 モンゴル語における仏教借用語彙について

元朝期，モンゴルでは大規模な翻訳活動が始められた。当時の仏典はチベット仏典を底本としながらも，語彙に関しては古代ウイグル語の影響をかなり受けている[7]。ここでは，主に古代ウイグル語を経由してモンゴル語に借入された仏教語彙についてみていきたい。

① サンスクリット語＞トカラ語＞ウイグル語＞モンゴル語

モンゴル語の仏教借用語について最も特徴的な点は語末形式にある。とりわけ前古典期モンゴル仏典の資料は[8]，古代ウイグル語と同一の語末形式を呈することが多い。なお，ウイグル語仏典中のサンスクリット語起源の語彙は，トカラ語を仲介言語としたとき，その語彙の語末形式に規則性がみられる。なお，トカラ語とは，インド・ヨーロッパ語族（Indo-European Language Family）のインド・イラン語派に属する言語であり，一つの言語の中に，トカラ語

Aとトカラ語Bが共存している。現存しない言語ではあるが，アジア圏内にある言語として，サンスクリット語同様，文献の資料的価値はきわめて高いといえよう。

以下に，掲げた例でも分かるように，古代ウイグル語と同一の語末形式がモンゴル語においても現れていることが分かる。したがって，現在のモンゴル語の仏教語彙は，サンスクリット語 ＞ トカラ語 ＞ 古代ウイグル語 ＞ モンゴル語という来源経路を辿ったと推定できるのである。

なお，この古代ウイグル語に関しては，すでに庄垣内正弘（1942 - ）がきわめて緻密な方法論で検証している。

skt._a	uig._ϕ	mong._ϕ	
kalpa	kalp	galab	「劫」
nirvāṇa	nirvan	nirvan	「涅槃」
sūtra	sutur	sudur	「経」

上記のように，語彙が無生物の場合，skt._aに対してuig._ϕ，mong._ϕの形式がとられている。

一方，語彙が有生物の場合，以下のようにskt._aに対してuig._i，mong._iの形式がとられる。

skt._a	uig._i	mong._i	
asura	asuri	asuri	「阿修羅」

日本語の来源経路と異なり，モンゴル語の仏教用語には，古代ウイグル語の規則的な語末形式の特徴を踏襲していることが分かる。

また，この場合，さらに複雑な経路をとっており，仲介言語としてトカラ語の存在がある。仲介言語として，他にもインド・ヨーロッパ語族のインド・イラン語派に属するソグド語も含まれている。サンスクリット来源借用語彙以外にも，シナ・チベット語族に属する漢語やチベット語の影響を受けた語彙もみられる。

以下に，14世紀成立の代表的なモンゴル仏典『金剛般若経』の中にみられる語彙を挙げておくことにする。

tib.		mong.
blam-a	>	lama 「ラマ」

このように，多様な言語の影響を受けてモンゴル語の仏教借用語彙は導入されているのである。いずれにせよ，このような仏教に関する語彙は，決して特殊な語彙として用いられているのではなく，わたしたちの日常生活の中に深く浸透し，やがては定着するようになるのである。日本語や系統的に関係があるとされるモンゴル語においても，原義が分からなくなるほど，仏教用語は生活用語として浸透している。ある表現が，仏教語彙を用いた新しい表現に取って代わることも充分あり得よう。複雑な来源経路を呈するモンゴル語も日本語の仏教語も，基本的には遥か古代インドのサンスクリット語を源とし，同じような意味の語彙を用いていることはきわめて興味深いことであるといえよう。

3. 文法の変化

3.1 ら抜き言葉について

　本章では，文法の変化について扱うことにするが，まず，現代日本語の乱れとして取り上げられる「ら抜き言葉」について考えてみたい。現行の国語表記の基準では認知されてはいない「ら抜き言葉」も（現在のワープロでも，ら抜き言葉を書くと，丁寧にも波線部が現れるような機能がついている），言語学的観点からは，次のような理由から，本当にこの表現を，単なる「言葉の乱れ」と考えて良いものなのか，再考の余地があるといえるであろう。

　以下に「ら抜き言葉」の用法を挙げることにする。

　① 可能表現としての「ら抜き言葉」

　一般的によく知られていることだが，「れる」「られる」などの助動詞には，受身，可能，自発，尊敬などの意味が含まれている。しかし，例えば「この場所から，見られますか？」「この野菜は，食べられますか？」などの文では，文脈からは，尊敬か可能かは分からない。話者が，現実にどのような状況下にあるのか，語用論（pragmatics）の立場から判断するしかない。では，「ら」を抜かせば合理的なのではないか，という考え方もできるが，現実の社会では，公式な場での「ら」抜き言葉は認められていないのが現状である。しかし，1992（平成4）年の総理府の「国語に関する世論調査」では，この表現が気にならない人は57.9％，気になる人は40.1％と

いう数値が出ており，すでにこの言い方が定着しつつあったことが窺える。ただし，その3年後，1995（平成7）年には，第二十期国語審議会の報告において，改まった場所での「ら」抜き言葉は認知しかねるとの見解が出されている。このような見解に対して，言語学者の側からは，言葉の合理性から考えても，「ら抜き言葉」が生まれるのも，当然の帰結であると考える傾向にあった。なぜなら，上述の文も，「この場所から見れますか？」，「この野菜は，食べれますか？」に変えた方が，「可能表現」であることが明らかになるからである。一つの助動詞に四つの用法（受身，可能，自発，尊敬）があるのは合理的ではないという判断である。

② 「調音労働の経済性」からみた「ら抜き言葉」
まず，「食べられる」をローマ字化してもらいたい。
結果は，tabe<u>r</u>a<u>r</u>e<u>r</u>uとなる。普段はこのように書くことはめったにないため，違和感があるかもしれないが，既述したように，言葉の本質はローマ字化すると分かりやすい場合がある。この場合も，r音が3度続き，第1章で述べた「調音労働の経済性」の原則からみても，大変不便であることが分かる。①と②に関しては，すでに言語学，日本語学の分野でも知られていることであり，柿木（2000）でも，詳しく述べておいた。また，この2点以外にも，方言にこのような「ら抜き言葉」が残されていることも指摘されている。いずれにせよ，このような説明をうけても，わたしたちは「ら抜き言葉」を使用することに関して，全く抵抗がないかといえばそうでもない。筆者自身は，言語学を専攻としているため，若者言葉やこのような「ら抜き言葉」に比較的寛容であるはずなのに，やはり，公式の場面での使用には抵抗がある。というより，どうしても「規範意識」というものにとらわれてしまうのである。とりわけ，「日本語表現」という授業を担当している以上，学生にはできる限り実務的な正し

い日本語を教えなければならない。しかし，言葉は，誰も変化を望むわけではないのに，変化していく。言葉の正しさは，時とともに移り変わりゆくものなのである。

　ここで筆者が問題にしたいのは，話者の「言語意識」の問題である。この言い方を使うことによって，他者にどのように思われるかということである。若者の場合は，規範というものに対する抵抗感が他の世代と比べあまりみられないため，かえってこのような自由な表現を使えるのかもしれない。

　また，この表現とともによく出される話題が，「やる」と「あげる」の用い方の問題である。

「花に水をあげる」「ペットにえさをあげる」という表現に，現在では，特に違和感を覚えない人の方が多いであろう。これは，むしろ言葉の丁寧さとの関係で捉えたほうが良いのではないだろうか。社会心理学者R.ブラウンとA.ギルマンは，「上下関係と仲間意識の代名詞」の中で，主にヨーロッパ諸言語の二人称の代名詞を例に掲げながら，実に明解にpower（上下関係）とsolidarity（仲間意識）との関係を説明している。現在では，powerよりsolidarityの方が重視される時代であり，日本語の用法もその例外ではなくなっている。話者が聞き手側に，何らかの仲間意識を感じているとすれば，上下関係とはかかわりなく，solidarityが優先されることになるのである。かつて，文化人類学者の中根千枝（1926 -）は，『タテ社会の人間関係』（1967）という日本文化論に関する著書を上梓したが，現在の日本社会では，クラブ活動や会社組織の上下関係を除けば，次第に欧米と同様にpowerからsolidarityへと言語行動を含むあらゆる行動様式が変化しつつあるように思えるのである。

3.2 古語から現代語へ

　高校時代に習った『枕草子』『源氏物語』『徒然草』などの古典文学は，明らかに難解な言葉であるとはいえ，日本語であることに変わりはない。それにもかかわらず古典の時間になると，「この文章を翻訳すると……」などと答え，古文を，あたかも，英語のような外国語のように捉えてしまう学生もいる。勿論，正しくは，古文の現代語訳とすべきなのだが，それでも，文法，語彙の側面で，現代の日本語とはかなりの隔たりがみられるため，入試問題では取り上げない大学も年々増えつつある。古典における，音韻，文法，語彙は，それほど大きな変化を蒙っているのであろうか。ここでは，動詞と助動詞について考えたいため，次のような文法の変化を挙げることにした。
　例えば，代表的な変化に次のものがある [9]。

① 「係り結び」の変化
② 二段活用から一段活用へ

ここで，ほぼ鎌倉時代に成立したとされる『平家物語』の一文を挙げるが，明らかに現代語とは異なっていることが分かる。
　下記の例は，かつて，平清盛の寵愛を一身にうけた白拍子妓王が，清盛の命をうけ，今様を歌う箇所である。

佛も昔は凡夫なり　　われらも終には佛なり
何れも佛性具せる身を　　隔つるのみ<u>こそ</u>悲し<u>けれ</u>

　この時すでに，清盛は，佛御前という女性に心変わりしていたため，妓王は，妹の妓女，母のとぢとともに，出家する身となる。後

には，佛御前までもが，妓王と同じ運命を辿ることになる場面である。そして，ついには，最高の権勢を誇った平家一門も滅びることになる。仏教的無常観を基調にした優れた文学作品であり，言葉と同様に，その内容に関しても，人の行く末には常住なるものは何一つ存在しないという教えを，平家一門の栄枯盛衰を例にとって語っている。

なお，上記の文では，確かに，「こそ」に対する係り結びがみられるが，現代日本語において，このような係り結びは全く消失したかのように思われている。国語学者北原保雄（1936－）は，この問題の解明にプロミネンス（prominence）という概念を取り入れ，「係り結びはなぜ消滅したか」という題で自説を展開している。プロミネンスとは，文中で特に強調したい箇所を強く発音し，聞き手に伝えるわけであるが，そうすると，わざわざ，強意の係助詞「ぞ，なむ，こそ」や疑問の意味を含む「や，か」を使い，文末を連体形や已然形にして，強調する必然性もないわけである。しかし，現代日本語において，係り結びは本当に消失したのであろうか。

「係り結び」という語法自体は，現代日本語から消滅したものの，文語的な文体を表現したい時や，文調を堅いイメージにするためには，現在でも，文語調の文が用いられることがある。勿論，今でこそ文語と呼ばれているが，はじめから文語であった言葉などはどこにも存在しない。元来は，普段，日常用語として使用されていた口語表現の言葉なのである。

例としては，あまり適切ではないかもしれないが，わたしたちは，しばしば幼児，子供，青年，大人，お年寄りなどという分類をしがちではあるが，今はお年寄りと呼ばれている人たちにも，当然のことながら，青年期はあったはずである。幼児語に対して，老人語という用語があるが，それはあくまで現代の世代からみて老人語なのである。社会方言というものは，常に相対的に存在するものであり，

老人語という言葉が存在し，その年代になると皆がそのような言葉遣いをするわけではない。地域方言が，空間的であるとすれば，社会方言は，時間的存在とかかわる言語変種といえるだろう。つまり，わたしたちは，文語と口語という整然とした分類をしがちではあるが，実際には，はじめからそのような画然とした分類方法があったわけではないのである。文語といえども，特定の地域でのみ使われていた俚言や方言が，やがて一般の人々にも浸透するようになった言葉であり，次第に古めかしく感じられるようになると，やがては口語から文語へと変化していくものなのである。わたしたちは，「古語」と聞くと，本当にそのような言葉が実際に話されていたのだろうか，という素朴な疑問をもつが，実際には，幼児期のなかったお年寄りはいなかったのと同様に，文語も，当時は口語として日常的に使用されていたごく一般的な言葉だったのである。

ところで，現代日本語にも，特に意識はしないが，知らぬうちに文語調の歌が残されていることがある。特に，戦時中は，戦意を高揚するために文語調の歌が流行っていた。語彙には厳めしい漢語が散りばめられた文が謳歌した時代であった。

一般によく知られている歌に，次のようなフレーズがある。

今<u>こそ</u>わかれ<u>め</u>　いざさらば

ほとんどの人が，「わかれめ」という言葉が一つの名詞であると考えているのではないだろうか。実際には，ここでは，「こそ……め」という文の末尾に，「む」の已然形「め」が用いられた係り結びの法則がみられるのである。人の共時的な観念には，常に歴史は介入しないはずである。人は，聞いた通りの音で言葉の意味を理解しようとする。そこには，通時的な判断は必要なく，コミュニケーションの妨げになるにすぎないのである。語源談義は，常に日常生

活の場では，成立することはなく，また，人がコミュニケーションの場において，現在話している言葉の語源を考えだすようになると，円滑なコミュニケーションはできなくなるのである。

　では，係り結びについて，今一度考えてみることにしたい。係り結びが消滅した理由には，次のようなことも考えられるかもしれない。「係り結び」という用法が，当時の人に「古語」という意識が感じられなかった時代においては，この用法で強意の意味を表すことができたはずである。しかし，時代が経つにつれ，「ぞ，なむ，や，か，こそ」という言葉自体を，人が古い表現と感じるようになれば，わざわざ文末を連体形や已然形に変化させる必然性はなくなるはずである。

　古語を用いると文が引き締まると考えている人もいるが，実際には古語も元をただせば，話し言葉の一種にすぎなかったことは忘れてはならない。

　なお，すでに述べたことであるが，筆者は，音節文字である仮名文字では，規則的な音変化に気づくことができないため，いったんローマ字化し，言葉の本質を知る必要性があることについて論じたことがある。音声を最も直接的に表すことができるローマ字に直すと，母音交替による音声変化にすぐに気づくことができるからである。したがって，音節文字の，「か，き，く，く……」のような活用を覚えることは意味がないことについても指摘した。しかしながら，古典の場合については現代日本語のようにはいかない。よく知られている例には，次のような歌がある。

秋来ぬと目にはさやかにみえねども風の音にぞ驚かれぬる（古今和歌集　藤原敏行）

下線部の「来ぬ」であるが，漢字に直すと分からなくなるが，こ

の音が「こ（ko）」と「き（ki)」では，全く意味は違ってくる。これが，連用形の「き」であることは，後続する「ぬ」が完了の助動詞「ぬ」の終止形であることをみて，初めて判断できるのである。同じような例に，助動詞の打ち消しの「ず」があるが，こちらの「ぬ」は連体形しか用いられないから，ここでは該当しないことが分かる。未然形の「こ」と取ってしまうと全く別の意に解釈されてしまう。ここで，問題となるのは，係り結びの法則であり，この文にはいわゆる「ぞ，なむ，や，か」は，用いられていない。したがって「ぬ」は終止形であると断定できるのである。やはり，現代日本語と異なり，古典では，未然，連用，終止，連体，已然，命令の活用形は覚えておく必要があるだろう。なぜなら，今掲げた係り結びの法則があるからである。

　簡単にまとめると次のようになる。

ぞ　なむ　　（強意）……連体形
や　か　　　（疑問）……連体形
こそ　　　　（強意）……已然形

このような法則は，やはり覚えなければ文意の正確な解釈はできない。自らの母語である日本語は，ローマ字化すると一定の法則があり活用形の必然性は感じられないが，古典文法の品詞の活用は暗記しなければならない。それは，たとえ，いにしえの時代，日本において母語であったとしても，現代日本語を話す人にとっては，母語ではないからである。母語とは，決して地域的な側面のみを述べているのではなく，時間的な側面も考慮しなければならない。

　ところで，現代日本語において，このような完了という用法は存在するのだろうか。

　「た」という助動詞であるが，助動詞は本来活用するが，この場

合は，活用しない不変化詞として扱われる。この「た」は，研究者の間では，単に「過去」と「非過去」と扱われる場合もあるが，やはり，筆者は，この「た」は明らかに，現代日本語では，なじみのない「完了」として取り扱うべきだと考えている。この点に関しては，すでに，寺村秀夫（1928 – 1990）が，諸例を掲げながら詳述し，日本語にも「完了」が存在していることを実証している。いずれにせよ，古語では，「つ，ぬ，たり，り」という四つの完了の用法があったにもかかわらず，現在では，「た」という言葉一つに収束されているのである。やはり，「た」という言葉一つに，これらの意味的用法を負わせるには無理があるといわざるを得ない。しかし，現実には助動詞「た」しか残っていないのだから，この言葉一つで様々な用法が含意されているはずである。わたしたちは，初めて外国語に接した時（おそらくほとんどの学生が英語だと考えられるが），現在完了や過去完了という概念をなかなか理解できなかったはずである。それは，日本語に「完了的用法」がなかったわけではなく，そうした自覚が日本語の母語話者になかったからである。

また，現在では，上一段活用，下一段活用と分化しているが，これは，現在の日本語教育に倣って，一段活用に統一すべきと考えられる。

3.3　文法学説の変遷

現代日本語の文法学説として最も知られている説としては，まず，山田文法，橋本文法，時枝文法，を挙げることができるであろう。この中の山田孝雄（よしお）（1873 – 1958）の文法には「複語尾」というような独特な用法が含まれており，文部省の検定教科書に取り上げられることはなかった。勿論，彼の文法説自体は，優れた理論であり，専門の文法学者に多大な影響を与えたことはいうまでもない。確か

に，思想的には国粋主義的なイデオロギーをもつ伝統的国語学者としてみられているが，独学で国語学を修め，独自の学説を展開したことは驚くに値する。なお，国語調査委員会においては，新村出が京都帝国大学に移った後，補助委員として国語国字問題について携わっている。

当時の国語学界で最も影響力のあった橋本進吉と，心理学的な要素も取り入れ，「入れ子型」など独自の学説をもった時枝誠記とは，師弟の間でありながら，その研究のスタンスは実に対照的であった。時枝を当時の京城帝国大学から東京帝国大学に呼んだのは，橋本進吉ではあるが，その学説の違いには大きな隔たりがみられる。橋本の後継者の候補には，不世出の音声学者有坂秀世（1908－1952），国立国語研究所所長の岩淵悦太郎（1905－1978）などがいたが，最終的には，言語道具説に対峙する言語過程説を唱え，ソシュールの『一般言語学講義』の学説とは対極の位置にいた時枝を迎えいれることになった。橋本と時枝の研究姿勢の違いは，橋本が，眼前の資料にひたすら没頭し，言語コーパスのみを研究の主眼に置いていたことである。この辺りの事情については，大野晋の回想でも知ることができる。たった一語の意味でもないがしろにせず，徹底的に資料の本質を追究する姿勢には他の追随を許さないところがあった。その門下からは，後の国語学界をリードする碩学が数多く輩出されている。

一方，時枝は，その文法解釈に多分に心理的要素を取り入れている。これは，金田一京助の回想であるが，東京帝国大学教授として時枝を採用する時，心理学の専門の研究者から質問があったことが語られている。時枝の理論は，近年，E.フッサール（Edmund Husserl 1859－1938）の現象学との関係で語られることがあるが，その学説は難解な部分が多い。また，同じ用語であっても，橋本とは別の捉え方をしている解釈がみられる。代表的な例としては，

「詞」と「辞」の解釈があり，この用語については，橋本の解釈とは大きく異なっている。元々，この用語は，言語四種論で知られる江戸時代の国学者鈴木朖(1764 - 1837)によって使用された言葉であるが，時枝は，概念過程を表す場合を「詞」とし，概念過程を表さない場合を「辞」と規定した。ある意味において，時枝は，単なる言語資料とみられていた言葉という存在を人間の心に戻した点において，帰納主義的な橋本の学説とは対照的であり，演繹的な手法を取り入れている点で特徴的であるといえよう。ここで特筆しておきたいことは，時枝誠記の有名な学説「言語過程説」のことであるが，周知のように，この理論は，ソシュールの『一般言語学講義』の訳者であり，京城帝国大学教授小林英夫の「言語道具説」へのアンチ・テーゼとして生まれた学説であると考えられてきた。ソシュールの学説が広まるにつれ，構造言語学がますます盛んになり，多くの学派が誕生することになるのだが，構造言語学，とりわけ記述言語学は，アプリオリな考えを捨象し，自らがフィールドワークした言語共同体が話した言語資料にのみ没頭する姿勢が要求されるのである。このように，近代言語学の祖であるソシュールの影響から，様々な構造主義的な言語理論が生まれるのだが，共通している考えは帰納的であるということである。しかしながら，彼らがその思想の基底としているソシュール自身の考えには，次のような言葉もみられる。すなわち，「およそ言語において心的でないものは何もない」という一文である。ソシュールは，ここで明確に「こころ」という決して見ることができない存在をしっかりと認めているのである。構造主義が拠り所とした，ソシュールの『一般言語学講義』の中に，「こころ」という実態のないものが認められていたことは心に留めておくべきであろう。

　話を元に戻すが，複雑な用語を用いた山田文法に比べ，時枝文法の方は，学校教育に取り入れられていく。『国語問題と国語研究』

（1949）は，中等学校教科書として使用されている。しかし，国語学の分野において，心理学的側面が強い彼の独自の理論は，やはり一般の学生には，難解な印象を与えたことは否めない事実である。ただし，現代の国語教育を論じる際に，国語学，あるいは言語学にも素養がある学者の中で，その名が出るのは時枝誠記ぐらいではなかろうか。国語教育学の好著『国語教育を学ぶ人のために』（1995）の中でも，数多いる国語学，言語学に通じた学者で，国語教育に尽力し，多大な影響を与えた人物としては，三者の中では，時枝誠記のみ詳しく取り上げられている。「こころ」という存在を，常に考えていた点では，時枝誠記の学説は，現代の認知言語学とも大いに通じる側面があるといえるであろう。これは，稿を改めて考えなければならない重要な問題ではあるが，「心理」という側面を重視した学者には，他にも，ゲシュタルト療法を参考にしながら，音声学，アクセントの研究において独自の学説を展開した佐久間鼎（1888 – 1970）がいる。

　いずれにせよ，文法学説を唱える時，最も核となるべき人物とその学説は，橋本文法，山田文法，時枝文法の三つの学説と考えることができるであろう。

4. 文字の変化

　世界のあらゆる言語を概観すれば分かるが，文字を有する言語もあれば，そうでない言語も存在している。身近な例では，日本社会におけるアイヌ語の例を挙げることができる。文字は決して，単に音を表すツールとしての役割を果しているのではなく，国家や権力とも密接な関係をもっている。もし，文字が音を表すだけの存在意義しかもたないとすれば，あらゆる国家の文字に関する史的変遷を紐解くと分かるが，文字に対してこれほどの拘りをみせる必要もないであろう。文字をもたない言語共同体にとって，文字に最も関心を示すのは，一般大衆ではなく，言語共同体の長である。なぜなら，権力者は，権威に結び付くものに対し最も敏感であり，言語，ここでは，文字というものが権力といかに深く結び付いているかを知っているからである。この点に関して，前述した柳父は『翻訳語成立事情』（1982）の中で「翻訳語の魔術」と題し，C.レヴィ・ストロース（Claude Levi-Strauss 1908 −）の『悲しき熱帯』（1977）を紹介し，未開人にとって文字とはどのような存在であるのか詳細に説明している。例えば，この中でのエピソードとして，字を知らない人々に紙と鉛筆を与えると，書くことに興味を抱くのは，部族の長だけであったという話が挙げられている。つまり，文字というものは権力支配の道具ということがいいたいわけである。

　日頃，言葉という存在は，空気のようなものであるため，その有り難さに気づくことはないが，人が社会の中で暮らす限り，言葉なしで一日たりとも生活することはできない。普段は日常性の中に内包されている言葉の諸要素の中で，国家権力と結び付くことができ

るのは，唯一つ，文字という紐帯だけである。また，同時に，文字には呪術的要素も含まれていることにも留意しなければならないが，この点に関しては，柿木（2000）を参看して頂きたい。

　かつて，日本においても，平田篤胤（1776－1843）が，神代文字を創出し，日本にも固有の文字が存在することを指摘した。東アジアにおいては，現代モンゴル国が，まだモンゴル人民共和国であった頃，ウイグル式モンゴル文字であった国字を変えて，ロシア語の影響をうけたキリル文字に切り替えたことがあった。勿論，そのままでは，モンゴル語の音価を表すことができないため，キリル文字には存在しない新たな母音の文字を二つ加えることになったが，基本的に文字自体を見る限りにおいては，ロシア文字と同じであった。当時のソビエト連邦共和国としては，同じ文字を共有していることは，政治的統合においても，頗る都合が良かったのかもしれない。また，表記の面でも，キリル文字の方が，実際に近い音声を反映していた。しかしながら，民主化以降，政府の方針の下，ロシアのくびきから離れ，自主独立の精神をもち，再び元のモンゴル文字を復活させようとする動きがみられるようになったのである。当初は，1994年に，文字改革は終了する予定であったが，キリル文字は，文字と音価にそれほどの差異がなく，現代のモンゴル人にとって，きわめて便利な文字であるため，実際には，なかなか，文字改革が進んでいないのが実状といえる。しかし，それでもなお，現代のモンゴル国では，いずれ文字をすべて元のモンゴル文字に移行させようとする動向には何ら変化はみられないのである。文字の歴史的経緯を考察すると分かるが，モンゴル文字も，正確には，モンゴル固有の文字ではないのである。文字の変遷を辿ると，モンゴル文字は，アラム文字→ソグド文字→古代ウイグル文字→モンゴル文字という経路で改良されながら導入されているのである。その後，モンゴル文字は，さらに満州文字に取り入れられている。時代をさらに遡る

と，このウイグル式モンゴル文字以外にも，13世紀，モンゴルに国字が存在しなかったことを憂えたクビライが，国師パスパに命じて，文字を創らせたことがあった。後で，両者を比較するが，この文字もチベット文字と大変酷似していることがすぐに分かる。チベット語を学習していない人であっても，両者の文字を比べれば，モンゴルのパスパ文字が，チベット文字から借入されたものであることは，一目で分かるはずである。

洋の東西を問わず，なぜ国家はかくも自国の文字にこだわるのであろうか。国家の象徴として，文字がいかに重要な存在意義をもつのか，あらためて驚かざるを得ない。

図6の文字の例は，中国文学者中野美代子（1933－）が，『砂漠に埋もれた文字』（1994）の中で，神代文字は，ハングル文字を模倣し，パスパ文字は，チベット文字を基にして創作されたことを説明するために，両方の文字を対照させている。民族というものが，どれほど固有の文字という存在にこだわり，ある民族が国家をもつためには，文字という存在がいかに欠くべからざるものであるかを窺うことができる。

現在の日本の社会においては，いうまでもなく，国語国字問題に真剣に取り組もうとする表立った動きはみられない。しかし，明治維新以降の日本においては，紛れもなく国語国字問題は重大な社会的な問題であったのである。

本章では，まず明治以降の国語国字問題の変遷を通じて，当時の人々の文字に対する言語観とはいかなるものであったのかみていくことにしたい。

チベット無頭筆記体		パスパ字母		ハングル字母		日本神代文字（平田篤胤）	
ཀ	g	ꡂ	g	ㄱ	k,g	ㄱ	k
ཎ	n	ꡋ	n	ㄴ	n	ㄴ	n
ཏ	t	ꡊ	d	ㄷ	t,d	ㄷ	t
ལ	l	ꡙ	l	ㄹ	r,l	⊐	r
མ	m	ꡏ	m	ㅁ	m	ㅁ	m
པ	p	ꡌ	p	ㅂ	p,d		
ས	s	ꡎ	s	ㅅ	s,t	人	s
ཝ	w			ㅇ	,ng	ㅇ	w
ཅ	c	ꡒ	c	ㅈ	c,j,t		
ཆ	ch	ꡛ	ch	ㅊ	ch,t		
ཀ	k	ꡁ	k	ㅋ	kh,k		
ཐ	th	ꡇ	j	ㅌ	th,t		
ཕ	ph	ꡎ	ph	ㅍ	ph,p		
ཧ	h	ꡜ	h	ㅎ	h	ĥ	h
				ㅏ	a	ㅏ	a
ཡ	y	ꡗ	y	ㅑ	ya	ㅗ	y
◠	e			ㅓ	o	ㅓ	e
				ㅕ	yo		
◡	o	ꡡ	o	ㅗ	ŏ	ㅗ	o
				ㅛ	yŏ		
◡	u	ꡟ	u	ㅜ	u	ㅜ	u
				ㅠ	yu		
				ㅡ	ŭ		
◠	i			ㅣ	i	ㅣ	i

ハングル 카 ka 니 ni 누 nu 켜 kho 로 ro
日本神代文字 スカ 个シ ㄷチ ㅣネ 仝ホ

図6 チベット文字とパスパ文字及びハングル文字と神代文字
中野美代子『砂漠に埋もれた文字』(1994)より引用

4.1 漢字廃止論　—かつて漢字廃止論があった—

　国語国字問題が本格的に取り上げられるのは，1866（慶應2）年，将軍徳川慶喜（1837 - 1913）に対し，前島密が「漢字御廃止乃儀」という建議書を提出したのを嚆矢とみて良いであろう。もっとも，漢字廃止論を提案しながらも，難解な漢字で綴られた建白書を提出しなければならなかったのは，なんとも皮肉な話といわざるを得ない。「前島密」という名は，おそらく一般の読者の方には，郵政事業の礎を築いた人物というイメージがあまりにも強いかもしれない。しかし，実際に，前島が本格的に郵政事業に取り組んだのは，この建白書を提出した以降のことであり，1871年に，駅逓頭に就任してからである。それまでの，前島の国家政策の主たる関心事は，国語国字問題に他ならなかった。前島にしても，後述する嘉納治五郎（1860 - 1938）にしても，一般の人々には，別の分野での功績が知られているが，彼らが，これほどまでに国字改良運動に傾倒していたことを知る人はどれほどいることであろうか。

　なお，余談ではあるが，前島は，1867（明治元）年，当時，政府の最高実力者の一人であった大久保利通（1830 - 1878）に，大阪遷都を進言している。もし，仮に，この大阪遷都が実現していれば，当然のことながら，現在の標準語も関西方言に変化していたはずである。標準語が，関西方言になるというと，奇異に感じる人もあろうが，それは，決して言葉そのものの音声構造や統語構造に問題があるわけではない。問題となるのは，あくまで話者の「言語意識」であることを忘れてはならない。先述したように，もし，サ行音イ段の「シ」を，地方に住む人が，「シェ」と発音するのを聞き，何か下卑た発音であるという印象を受ける人がいれば，それは音そのものに問題があるのではなく，現代の標準語としている音が，偶然にも「シ」であるからに他ならないからである。江戸期以前，京に

いにしえの都がありし頃は，むしろサ行音イ段の標準の音価は，「シェ」であり，現在とは，全く逆の現象が起こっていたことを想起すべきである。何度も繰り返すことになるが，言葉そのものに，本来美醜などは存在しないのである。

以上，述べてきたように，国語国字問題の改良運動を調べてみると，一般の人には全く別の業績を残した功労者として知られている人物が実に多いことに気づく。上記に掲げた郵政事業を確立した前島密なども，その一人ではあるが，他にも，官僚，政治家，学者，華族など当時の貴顕紳士をはじめ，様々な職業に属する人たちが，一様に国語国字問題に関心をもっていたことは特筆しなければならないであろう。

当時の代表的な国語国字問題に携わった人物を，歴任した役職とともに列挙すると次の如くである。

有栖川宮威仁親王　（皇族）
大隈重信　　　　　（内閣総理大臣）
西園寺公望　　　　（内閣総理大臣，元老，侯爵）
原敬　　　　　　　（大阪毎日新聞社社長，内閣総理大臣）
巖谷小波　　　　　（児童文学作家）
高楠順次郎　　　　（東京帝大教授，サンスクリット学）
嘉納治五郎　　　　（東京高等師範学校校長，柔道の確立者）
田中館愛橘　　　　（東京帝大教授，理学博士）
田丸卓郎　　　　　（東京帝大教授，理学博士）

上記のような例をみると，当時の国語国字問題が現在のような学者の間だけの学問的意義をもった研究課題ではなく，様々な立場にある人々をも巻き込んだ国家的規模の問題であったことが推察できる。進歩的思想をもっていた元老西園寺公望（1849 – 1940）は，

原敬（1856－1921）に国語国字問題の思想的影響を与えており，東京帝国大学教授田中館愛橘（1856－1952）は，同じ理学博士であり，後に『ローマ字文の研究』（1914）という優れた国字問題の著書を上梓した田丸卓郎（1872－1932）とは師弟の間柄であった。

また，上記に挙げた嘉納治五郎などは，一般の人には日本の「柔道」を確立した傑出した人物として知られているが，ローマ字国字問題においても重要な役割を果した教育者という一面ももっていた。嘉納は，日本古来の柔術を柔道という武道にまで高めた功労者であり，1909（明治42）年には，日本人としては，初のIOC（国際オリンピック委員会）の委員にも任命されており，同時に東京高等師範学校校長も歴任している。嘉納が「柔道」という国技に対して，どれほどの貢献をしたかは，特に柔道に関心のない人でも既知していることだが，ローマ字論者として，この頃，東京帝国大学言語学科主任教授藤岡勝二とともにローマ字化改良運動に積極的に参加していたことは意外と知られていない。

また，当時第一級の知識人であった福沢諭吉（1835－1901）は，すでに『西洋事情』『文明論乃概略』『学問のすすめ』など数々の著書を残し，当時としては卓抜した進歩的思想をもち合わせていたが，国語国字改良問題に関しては，時期尚早として前島ほど急進的な考えをもっていなかった。1873（明治6）年，彼の著『文字乃教』の中では，確かに漢字制限論を唱えているものの，漢字全廃の意見に対しては，きわめて慎重な態度を貫いていた。

では，漢字を全廃した場合に，いったい日本語をどのような文字で表記すれば良いのであろうか。上でも述べたことであるが，当時は，あらゆる階層の人々が，国語国字問題について真剣に取り組み，国字運動に積極的に参加した時代であった。時代の気風というものを真に理解するためには，その時代の社会的状況に身を投じなければ，当時の状況を再現できないものである。しかし，様々な国語国

字問題にかかわる資料をみるたびに思うことは，現代のように，国語にかかわる国字問題などについては，せいぜい国語審議会（現文化審議会国語分科会）で議論されるにすぎず，この問題に対する世論の関心は，まさに隔世の観があるといえよう。

　先述したように，当時の社会の実態を解明しようとすれば，もはや残された文献から推測するしか手だてがない。しかし，文献といえども，その書が他者に読まれることを前提としている限り，真に時代の本質を読み取ることは難しいといわざるを得ない。なぜなら，その文献が，権力者側のものか否かで，同じ社会的事件であっても捉え方が全く違ってくるからである。当時の世相の全体像を完全に把握することは困難ではあるが，国字の制定化という問題に対して，一部の識者のみならず，一般大衆をはじめとする数多くの人々が，大いに関心をもっていたことだけは，間違いないだろう。

4.2　新国字論

　次に，具体的に日本語を表記するためには，漢字以外にどのような表記が最も適しているのか，史的変遷を参考にしながら考察してみたい。日本語の代表的な表記法には，漢字，平仮名，片仮名，ローマ字があるが，いずれの文字にしても，音韻論的観点から，完全に日本語を表記できるとはいえない。音節文字で表記される仮名文字は，基本的にCVという構造をとり，音素一つひとつの変化に気づくことはできない。それでは，ローマ字はどうかいえば，確かに，動詞の活用変化や，母音交替などの変化には，気づくことができるが，現在の日本語の文章をすべてローマ字に変化させると分かることだが，見た目には非常に理解しにくい表記であることには違いない。

　このような状況下，新たに国字を創案しようとする説が唱えられ

るようになった。また，当時の言語学上最も重要な資料である『言語学雑誌』においても，言語学者藤岡勝二がドイツ人ゲルストベルガーの新国字を紹介している。少し長くなるが，後の言語学界に多大なる影響を及ぼすことになった『言語学雑誌』について述べておきたい。

1898（明治31）年，上田万年とその弟子が中心となって，「言語学会」（現存する言語学会は全く別組織であり，ここで挙げる言語学会は，長くは存続しなかった）が結成され，1900（明治33）年には，その機関誌『言語学雑誌』が刊行される。当時のメンバーには，藤岡勝二，新村出，八杉貞利（1876－1966），保科孝一，フローレンツなど，後の言語学界を代表する若き研究者が名を連ねていた。また，この頃には，言語学者や国語学者のみならず，様々な職にある人々が，すでに10を超える新しい国字を創案していた。

なお，この『言語学雑誌』であるが，後に日本の言語学を代表する碩学たちが寄稿していることには注目したい。その記念すべき第1巻第1号の論考（明治33年1月20日発行）には次のような論文が掲載されている。また，この雑誌の体裁については，論説，雑録，史伝，紹介，雑報，質疑応答など，当時としては実に斬新な構成がとられている。その第1号では，東京帝国大学総長井上哲次郎（1855－1944）の「言語学雑誌の発行を祝す」と東京帝国大学文科大学教授上田万年の「祝辞」が述べられている。その後，論説として，次の三本の論文が掲載されている。ここで，その著者と題目を掲げておきたい。

　高楠順次郎　　「日本字書の完成」
　保科孝一　　　「人文史と言語学」
　岡倉由三郎　　「語尾の『く』に就いて」

ここで，注目すべきことは，後に碩学とよばれる学者たちが，自らの専門領域とは異なるテーマの論文を寄稿していることである。後に，サンスクリット学，仏教学の泰斗となる高楠順次郎（1866－1945）は，言語学にも通じていたため，藤岡勝二に認められ第1号の巻頭論文に掲載されている。なお，後年，高楠の高弟である辻直四郎（1899－1979）は，サンスクリット語の授業で，藤岡を中心とした言語学科の講義に協力している。また，後に国字問題に関して積極的な運動を展開する東京文理科大学教授保科孝一が，この雑誌の中では，方言に関心をもち，「八丈島の方言」という題目で論文を寄稿していることにも留意したい。東京帝大を去った後，忘れさられた言語学者ともいわれたこともあったが，近年，保科孝一の国語国字問題に関する業績の研究は，言語思想史の立場から，様々な研究者によって進められている。しかし，当時の保科の関心事が，主に方言にあったことは，実に興味深い事実といえよう。現在の社会言語学（sociolinguistics）は，個人のコミュニケーションを扱うミクロ社会言語学と国家政策によるマクロ社会言語学に分類できるが，保科が，後年，国語国字問題を専門領域にしたのも，社会言語学におけるミクロからマクロへの転換と考えれば，納得ができる。この論文は，まさに，後に，「国語」と「方言」問題を考える契機となった論文と考えられ，ここにおいて，保科の専門領域である国語国字問題と初期の論文との接点を見出すことができるのである。また，この論文には，日本語との系統関係が問題となっているドラヴィダ語がすでに取り上げられていたことにも注目したい。国語学者大野晋は，日本語とタミル語の系譜関係を唱え，現代の言語学界において批判の矢面に立たされているが，このタミル語が属する語族が，ドラヴィダ語族である。保科の論文には，直接的に日本語とドラヴィダ語族の系譜関係に関する論考はみられないが，この時代にすでにドラヴィダ語族に関して言及していたことには注目した

い。さらに，英文学者岡倉由三郎も，この頃には，まだ国語学に関する論考を残している。岡倉は，日本の英語教育界の嚆矢ともいえる人物であり，standard Englishを「標準語」と和訳したのも，彼の著作が始まりであると考えられている。ちなみに，岡倉の実兄は，E. F. フェノロサ（Ernest Francisco Fenollosa 1853 - 1908）とともに日本の美術界を支えることになる岡倉天心（1862 - 1913）である。他にも，後のロシア語学の泰斗，八杉貞利は，この雑誌では，第1号の「史伝」の部において，J.グリム，R.ラスクと並び称される比較言語学者F.ボップを扱った「フランツ，ボッブノ生涯及学説」という題で，その学説について詳述している。また，次号の「雑録」では，「エドキンス氏の支那語学」，第6号の「雑録」では「アイヌ語断片」，第2巻第5号では「スウィート氏の語学教授法（承前）」について寄稿している。ロシア語学の碩学，八杉貞利でさえも，この頃は，系統の異なるあらゆる言語に関心を抱いていたのである。このように，後にそれぞれの分野の碩学となる学者たちも，若かりし頃，未だ自らの専門領域を決めかねていたことを，この『言語学雑誌』から窺知できるのである。また，第2号以降には，朝鮮語学，日本語系統論の金沢庄三郎が「諺文の研究」，また別の人文学の分野では，東洋学の白鳥庫吉（1865 - 1942）が「漢史に見えた朝鮮語」，哲学者井上円了が「史伝」の中で「漢字不可廃止編」を寄稿している。中でも，文字に関する特筆すべき論は，井上円了の漢字不可廃止論であろう。漢字廃止論が当然のごとく考えられ，それに代わる文字を，仮名文字かローマ字か，あるいは，新国字にすべきか検討している中，孤高の中において，漢字を堅持しようとする説を唱えたことは，その是非はともかく傾聴に値するものがあるだろう。

　『言語学雑誌』とは，まさにB.H.チェンバレン（Basil Hall Chamberlain 1850 - 1935）が礎を築いた「博言学」から自立し，

日本人が自らの母語を用いて研究する,「言語学」という新しき学問分野の萌芽的存在であったといえるであろう。

そして,この雑誌で最も重要な役割を果すことになるのが,言語学者藤岡勝二である。第1号においては,「雑録」で,「語学界私見」という題目で寄稿している。上田の弟子を中心に結成された会ではあるが,実質上,この雑誌の中心的人物は,当時,若干二十八歳であった藤岡勝二と考えてよいであろう。近年,上田万年や,その直弟子保科孝一が,「国語」という概念を,どのように規定していたかという問題に関する研究が行われているが,藤岡勝二に関する研究は,未だ充分とはいえない状況にあるといえよう。

1905 (明治38) 年,藤岡勝二は言語学講座を上田から引き継ぎ,東京帝国大学文科大学助教授に就任する。また,この年に,理学博士田中館愛橘や田丸卓郎とともに,「ローマ字ひろめ会」を結成する。一方で,上田万年は,国語学国文学第一講座の担任となり,「国語と国家と」や「国語研究に就きて」などの講演や論文を次々と発表し,「国語」という理念を構築していこうとするのである。科学的言語学者と称されながらも,「国語」という概念の成立に尽力する上田と言語学講座の後任者である藤岡とは,研究テーマについても大いなる違いがみられるが,ローマ字論者とともに,ローマ字化改良運動に傾倒し,国語国字問題のヘボン式ローマ字採用論を支持したことについては,見解の一致をみることができる。しかし,上田は,アルタイ文献学の研究,系統論研究で知られた藤岡とは,それ以外の言語分野においては,完全に袂を分かつことになるのである。

興味深いことは,以下のように,藤岡は,『言語学雑誌』において,すでにローマ字国字論の必要性を示唆していたことである。

吾々も羅馬字を用ゐんことを望むものであるが,今は一般に従て

この通りにして居る。　　第 2 巻第 4 号「論説」の「言文一致論」

　現在，言語学界では，藤岡勝二という名は，アルタイ学や日本語系統論に先鞭をつけた人物としてしか評価されていないのではないだろうか。しかしながら，藤岡勝二の研究業績には，これ以外にも，国語国字問題，とりわけローマ字国字論に関する論考が数多く残されている。筆者は，今後はさらに彼の国語国字問題に関する学説と実際の国字改良運動に注目すべきであると考えている。彼の理論的側面や実際の改良運動については，未だ正当なる評価が下されているとはいい難い状況にあるといえよう。

　さて，このように，藤岡には当時から国語国字問題に大変関心があったことを述べてきたが，彼自身は新しき文字の問題についてどのような考えをもっていたのであろうか。そのヒントになるのが，まさにこの『言語学雑誌』第 1 巻第 9 号の「雑録」に掲載されている「ゲルストベルガー氏日本新国字」である。彼は，この頃，訪問先のドイツにて，ゲルストベルガー氏が考案した日本の新国字に対し，大いに関心を示している。

　以下にその冒頭部分のみを掲げることにする。

　とにかく外國人でありながら，日本國字の爲に考を費やし，在來の風をすてずにこれを改め様と苦心せられたことは，我々が深く感謝すべきところである。

　つまり，全く新しい国字を創案するのではなく，国家主義的なイデオロギーを考慮し，できる限り現行の国字を参考にし，新しい国字を創りだそうとしている点を評価しているわけである。この点に関して，藤岡は，大いに敬意を示していることを窺うことができる。ここでは，詳細な説明は省くが，母音字と子音字の創り方を説明し

たいと思う。

　例えば，以下にみられるように，「す」という平仮名を使って，母音字と子音字を創るためには，まず上と下の部分を分解する。そして，上の部分を子音の/s/とし，下の部分を母音の/u/の音素と決めるのである。

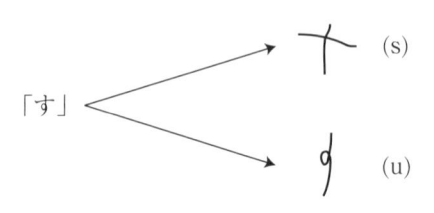

図7　「す」からsとuへの文字変化

　同様に，次々と音節文字である仮名文字を基にして，新国字を創出していったわけである。ただし，現存する平仮名だけでは，文字数が限られているため，すべての音韻組織を創出することに難渋したためか，かなり強引に文字を創作した跡もみられる。しかし，日本語として最低限必要な音素組織を創り上げることには，一応の成功はしている。勿論，藤岡自身は，この表記法が完全にシステマティックな記述であるとはいい難いため，ゲルストベルガー氏の新国字を現実に日本の文字として採用することに賛同しているわけではない。しかし，先述したように，外国人が日本の伝統的な文字である平仮名を尊重し，国字を創案しようと試みた点に対して，大いに評価をしているわけである。

　では，当時の代表的な新国字とその創案者をここで掲げてみたい。ただし，この新国字に関する研究の進捗状況は充分ではなく，創案者の詳しい経歴などは定かではない場合が多くみられる[10]。

新国字の主な考案者

石原　忍（1879〜1963）『カナ文字とローマ字』「東眼式新仮名文字」
前田直平（1886〜1988）『新らしい國字：常用及速記用』(1955)「前田式速記法」
稲留(とうる)正吉　不明『漢字に代はる新日本の文字と其の綴字法』(1919)
中村壮太郎　不明『哲學はどんな考へ方をするか』(1935)「ひので字」
増田乙四郎　不明『大日本改良文字』(1903)[11]

　上記の新国字に関して特筆すべき事項は，稲留正吉が性の区別を有する国字を考案していることである。ドイツ語，フランス語，イタリア語など，インド・ヨーロッパ語族に属する言語を学習する際に，名詞に対して，男性名詞，女性名詞，中性名詞など，性の区別まで暗記したことに辟易とした人も多いことであろう。母語である日本語やそのような区別がない英語しか知らない学習者にとって，この性の区別は学習者にとって頗る不便な用法である。それにもかかわらず，このような性のカテゴリーを取り入れようとするのは，言語構造自体に関わる問題ではなく，単に欧米崇拝という幻惑されたイデオロギーの残滓にすぎないといえよう。

　なお，上に掲げた新国字の創案者，石原忍と稲留正吉については，すでに梅棹忠夫（1920－）が，『知的生産の技術』(1969)の「文字革命のこころみ」という題の中で，詳しく取り上げている。

　以上，新しい国字案を挙げてみたが，専門的な研究とはかかわりなく，当時は，様々な職域に属してした人々が，日本独自のアイデンティティを取り戻すために，いかに新しき文字を創出したらよい

か苦慮していたか窺うことができるであろう。しかし，このように数多の国字が創案されたものの，現実には，どの文字も政府が実用化するために採用するには至らなかったのである。

　それでは，現行の文字を統一することにおいて，問題は生じないのであろうか。例えば，仮名文字といっても，平仮名か片仮名のどちらかを採用するかで軋轢が生じることになるであろうし，ローマ字の場合も同様である。ローマ字表記の場合には，二通りの表記法が存在している。一つは，日本人の音声構造に合った「日本式ローマ字表記法」であり，今一つは，実際の音声を反映した「ヘボン式ローマ字表記法」である。また，これ以外にも，「訓令式ローマ字表記法」があるが，日本式ローマ字表記法と基本的な差異はなく，戦後の表記法の名称としては，「訓令式ローマ字表記法」の方が一般的かもしれない。先述した藤岡勝二は，この頃から終生一貫したヘボン式ローマ字論者であった。確かに，ローマ字は，音素を表記するには頗る適した文字ではある。しかし，識者の間では，もしローマ字を国字として採用することになれば，これまで連綿として築き上げられてきた漢字文化という日本の伝統文化の崩壊に繋がると危惧する声があったのも事実である。

4.3　カナ文字論

　1883（明治16）年，カナ文字論者（「かなのとも」「いろはくわい」「いろはぶんくわい」）が一同に結集し，「かなのくわい」という組織を結成する。この年が，文献上確認できる「カナ文字国字論」の本格的な活動であると考えられる。一方，1885（明治18）年には，ローマ字論者たちが「羅馬字会」を正式に結成し，この頃から国語国字問題が，社会的問題として一気に取り上げられるようになる。ちょうど，帝国大学が帝国大学文科大学に移行した年でもあり，後

年，日本における「国語」の成立過程に最も重要な役割を果すことになる上田万年も，この年に帝国大学和漢文学科に入学している。

その後，1898（明治31）年には，帝国教育内に国字改良部が設けられる。当時の部長には，先に挙げた前島密，委員として，『成吉思干実録』（1909）の著者であり，邪馬台国論争においても，その名が知られている東洋学の先覚者，那珂通世（1851－1908）が加わっている。彼は，専門の東洋学のみならず言語学にも精通していた。ちなみに，両者ともに，積極的なカナ文字論者である。他にも，日本語系統論の業績をもつ東京帝国大学教授白鳥庫吉がいる。白鳥も著名な東洋学者でありながら，「国語と外国語との比較研究」（1905），「日・韓・アイヌ三国語の数詞に就いて」（1909），「日本語の系統 —— 特に数詞に就いて」（1936）など数多くの言語学に関する研究論文を発表している。東洋学の権威でありながら，一方では，那珂や白鳥にしても，言語学者としての才ももち合わせていたことは，特記しなければならない事項であろう。現代の人文科学の分野では，隣接諸科学の成果を取り入れながら，次々と新しい学問分野が誕生している。日本の言語学界に目を向けると，1960年代の半ばに成立した「社会言語学」をはじめ「認知言語学」「心理言語学」「言語人類学」などがそれに該当するであろうか。一昔前なら，このような学問分野は，純粋な言語学の分野ではないと一笑に付されていたかもしれない。しかしながら，現在では，このような他分野の研究分野の成果を積極的に取り入れようとする動向は，あらゆる学問分野においてみられるのである。注目すべき点は，日本人研究者が自らの学問を確立させようとしている黎明期の時代に，東洋学と言語学の両方に通じていた優れた学者がいたことであり，また，優れた業績なら当時の学界も研究者の専門領域を問うことなく，その研究成果を認めていたことである。とりわけ，東洋学の泰斗，白鳥庫吉が，実質上，東京帝国大学の言語学科の礎を築いた藤岡勝二

に，多大なる言語学の学問的影響を与えたことは，現在の閉塞的状況にある学問分野の状況を考える上で特筆すべきことであるといえよう。

さらに，国語国字問題に対して理論的側面だけでなく，実際に国字改良運動に参加した学者に，先ほど挙げた田中館愛橘，田丸卓郎などの理学博士がいる。両者ともに，理系出身の学者でありながら，言語学や国語学の知識の素養を充分に有していた。当時は，先述したように，研究成果が優れたものであるとすれば，発表者の研究領域とは無関係に，国語学や言語学の専門家たちも，その意見に賛同を示すこともあった。例えば，近代の国語辞典の礎を築いた『言海』(1889) の著者大槻文彦 (1847 - 1928) などは，理学博士田丸卓郎の国語国字論に関する著書を大いに評価していた。当時の学問的状況を鑑みると，この頃のほうが，学会内における閉塞的な状況はみられないことは実に興味深い事実といえよう。国字問題という国家にとってきわめて重大な問題に関しても，研究者の専門分野にとらわれることなく，活発に議論ができるほど自由な気風に漲っていたのは，むしろ言語学という学問分野の黎明期であったこの頃であったかもしれない。ちなみに，系統論の嚆矢として知られた藤岡勝二の「日本語の位置」(1908) は，当時，在野の一研究者であった英文学者平井金三 (1859 - 1916) の「アーリア語起源説」の反駁によって生まれたものであった。

ここで，当時の国語学関係者たちが，文字に対してどのような考えをもっていたのかみていくことにしたい。1902 (明治35) 年には，同年に設立された国語調査委員会が次のような調査方針を提案している。この事項については，国語国字問題に関する著書なら，必ず取り上げられるほど重要な政府の国字に関する指針である。

一．文字ハ音韻文字（フォノグラム）ヲ採用スルコト、シ仮名

羅馬字等ノ得失ヲ調査スルコト
二．　文章ハ言文一致体ヲ採用スルコト、シ是に関スル調査ヲ為スコト
三．　国語ノ音韻組織ヲ調査スルコト
四．　方言ヲ調査シテ標準語ヲ選定スルコト

　まず，上記の仮名文字を使用するのか，ローマ字を使用するのかが重要な論点となっていることに注目したい。ということは，いずれの文字を採用するにせよ，上記の条文では，「漢字廃止論」が前提になっていることである。また，もう一点，重要な課題は，「標準語」の制定の必要性が説かれていることである。この「標準語」の問題については，章を改めて考察することにしたい。

　それでは，その後「カナ文字論」はどのように展開していったのであろうか。

　1920（大正9）年に，山下芳太郎を中心に，「仮名文字協会」が組織され，これが，後の「カナモジカイ」へと発展していく。また，この年には，『カナノヒカリ』という雑誌も刊行されている。山下は，元々は実業界で活躍していた人物であるが，後にカナ文字運動の普及に力を尽すことになる。カナモジカイの基本的な表記の仕方は，左横書きであり，片仮名で表記することであった。なお，この頃は，カナ文字論とはいっても，実際には，平仮名ではなく，片仮名採用論のほうが優勢であった。

　ところで，この時に，山下が「漢字廃止論」という考えをもったのは，彼が，一時期，元老西園寺公望の首相秘書官を務めたことと無縁ではないと考えられる。西園寺公望は，1905年に結成された「ローマ字ひろめ会」の会頭でもあり，漢字廃止論の賛同者でもあった。

　この時期に，山下が，西園寺の言語思想にふれ，その進歩的思想

に共鳴したことは想像に難くない。しかしながら、西園寺が想定したのは漢字に代わる文字表記は、あくまでローマ字表記であり、山下のカナ文字論とは、この点で大いに異なるといえよう。

財団法人カナモジカイが最も積極的な国字改良運動を展開するのが、1926（大正15）年に、当時の政府に「鉄道駅名表ニツイテノ請願」を提出し、左横書き片仮名表記の採用を時の政府に認めさせようとした頃であろう。しかし、この動向に対し、「ローマ字ひろめ会」は、敢然と異議を唱え、「鉄道駅名ローマ字綴り方ニ付建白書」を要望し、従来のヘボン式を決して改名しないよう提案した。一方、日本式ローマ字論者たちは、同じローマ字であっても、日本式ローマ字表記法こそが最善の表記法であると述べている。

現代社会において、わたしたちは、日常的に漢字、平仮名、片仮名を用いている。しかしながら、今の時代からは想像だにできないが、漢字を廃止し、仮名文字のみを使用しようとする運動が、時の政府や一般大衆までをも巻き込んで、社会的運動として存在していたという事実を決して忘れてはならないであろう。当時の文字改革の波は、漢字廃止論という点では一致してはいたが、カナ文字論かローマ字論のいずれを採用するかで大いに揺れ動いていたのである。ちなみに、世界のあらゆる言語を概観しても、一つの言語に対し、これほどの多くの表記法が日常的に使用される国家も珍しいのではないだろうか。戦前は、日本語特異論説が有力であったが、現在では、日本語が他の諸言語（世界の諸言語は、約6000語存在するともいわれているが、実際には、社会言語学的観点から、国家、民族、言語との関連性を考慮すると、正確な実数を挙げることは不可能である）と同じく、とりたてて珍しい言語ではないことが指摘されている。しかし、文字に関していえば、他の言語特徴と比べてみても、驚くべきほどの多様性があるといわざるを得ない。類型論的にみれば、SVO型言語に属する英語、中国語、系統論的に同一の

インド・ヨーロッパ語族に属するフランス語、イタリア語、スペイン語なども、基本的には一つの文字表記しかない。このように日本語と系統論的に異なる言語を概観してみると分かるが、文字の多様性は、日本語の言語特徴の最も重要な特徴と考えられるであろう。それ故、他の諸言語と同様、日本においても、日本語を一つの文字で表記できる運動が生まれたのかもしれない。とりわけ、このような文字改革運動の波は、明治維新以降、鎖国という桎梏から解き放たれて、数多の優秀な研究者が、欧米の文化を見聞した時から始まったといえよう。

ところで、現代社会において、わたしたちは、「書く」という行為に対して、最も重要な要素である「文字」という存在に、あまりにも無頓着ではないだろうか。言葉の変化というと、おそらく、まず思い浮かぶのが流行語に代表される「語彙」レベルの変化であろう。和語のような基礎語彙はともかく、流行語などは変化のスパンが短いため、人が一生を終えるまでに、「幼児ことば」「若者ことば」「学生ことば」などある一定の属性や集団の中で、その言葉の変化を追体験できるかもしれない。しかし、文法、音韻の変化は非常に遅く、一生のうちでその変化に気づくことはごく稀な場合だけである。一般的には、言葉という存在は、このような要素以外に、文字という要素も含まれている。しかし、現代の急速な情報化社会では、ものを「書く」という行為が、キーを「打つ」という行為へと移行し、文字の変化がますます助長されていく傾向にあるといえるのではないだろうか。携帯電話や電子メールを用いる情報化社会では、微妙な言葉のあやを自らの言葉で表現できない時、絵文字や顔文字などが利用されることがある。確かに、このような文字は、若者文化を象徴する重要な媒体の一つであるかもしれないが、一方で、上記のような文字を用いることは、言葉で微妙な意味のニュアンスを表現する力を次第に失わせていく原因の一つとなっているといえる

であろう。これでは，ますます若者が文字を書くという行為（決して「打つ」という行為ではない）に対して抵抗を感じることは自明の理である。

　では，現代のような情報化社会と違って，当時の人々は，特に文字の変化に目を向ける必然性などなかったにもかかわらず，なぜこれほどまでに，文字の変化の問題，すなわち国語国字問題という厄介な課題に関心をもったのだろうか。国語学や言語学の専門家なら分かるが，あらゆる職域にある人々が現実に国字改良運動に加わった理由はどうしてなのか。文字に対する人々の考えの変遷を顧みることによって，わたしたちは，いま一度，文字というものが人間にとってどのような存在なのか，考えてみる必要があるだろう。

　また，上述したカナ文字論が，日本において4.4で挙げるローマ字論ほどの高まりをみせなかったのは，なぜだろうか。一つの原因として，現代のワープロ入力変換のことを挙げてみたい。たいていのワープロ入力変換には，仮名文字入力とローマ字入力の両方の機能がついているが，現在では，圧倒的にローマ字入力を使用している人のほうが多いことであろう。基本的にCV（子音＋母音）の二つの音素から構成される仮名文字は，一つの音素からなるローマ字と比べ，現代のワープロ入力変換にとって不便であるといわざるを得ない。性急な現代の国際化・情報化社会が，漢字から創出された日本独自の「カナ文字」論を衰退させた可能性は充分考えられる。

　また，同音異義語を区別できないという点も，音節文字の最も不便な特徴といえるかもしれない。単純な例文を挙げると，「ふくをきる」といえば，たいていの人は「服を着る」を予想するだろうが，もしかすれば「服を切る」かもしれない。もっとも，このような不便な点は，次に挙げるローマ字においてもいえることであり，語彙の意味は文脈に判断を委ねるしかないのである。

　いずれにせよ，国語国字問題に関していえば，カナ文字論はつい

に採用されるには至らなかったのである。

4.4 ローマ字論

　前節でも述べたように，1869（明治2）年5月，南部義籌が，当時の大学頭山内容堂（1827 – 1872）に「修国語論」という建白書を提出し，ローマ字論がはじめて世に知られるようになる。ただし，その2年前に，J.C.ヘボン（James Curtis Hepburn　1815 – 1911）が，『和英語林集成』（1867）を完成させていることから考えると，当時のローマ字国字採用論の真意は，何とか欧米列強と肩を並べたいという意志の表れにすぎず，日本語の言語特徴を考慮した上で，現実に国字をローマ字化して採用しようとしたのかは疑問が残るところではある。ローマ字にかかわる日本人の文献としては，江戸時代にすでに，青木昆陽（1698 – 1769）の『和漢文字略考』，大槻玄沢（1757 – 1827）の『蘭学階梯』（1786）などに散見することができる。当時の幕府は，清国とオランダとの貿易だけしか許可しなかったが，ローマ字の綴り方については，すでに一部の知識人の間では，かなり浸透し，相当な知識を有していた学者がいたことが想起できる。

　なお，ここでは，ローマ字の綴り方の先駆けとなる『邦訳　日葡辞書』の表記法のうち，特徴的なサ行音とハ行音を挙げておきたい。

サ行音
　sa　xi　su　xe　so

ハ行音
　fa　fi　fu　fe　fo

ここでは，勿論，ポルトガル式のローマ字表記法であるため，一

般のローマ字表記法とは異なるが，当時の口語が反映されていることが興味深い。サ行音においては，サ行音エ段において，当時の標準語であった「シェ」が保持されている。また，国語学界においては，「唇音退化」という次のような音韻変化の現象がみられる。

　　P＞F（ただし，実際の音声記号は［Φ］）＞h

　上記の音韻変化の現象も，ハ行音の文字すべてが，頭文字 f から始まっていることにより，この頃はまだ，「ファ」という音価が残存していたことが論証できるのである。このように，外国人宣教師が，当時の日本人が話す言葉（音声）を表記した文字資料は，口語的要素の実態を知る上できわめて重要な文献となり得るのである。J.C.ヘボンが日本を訪れた時に，彼が，初めて耳にした剥き出しの音を忠実に表記したため，口語資料として当時の音声の実態を知ることができるのである。誰しもが，母語話者こそが，自らの母語の実態，すなわち音韻，語彙，文法について詳細に理解しているかのように錯覚しているが，音韻に関していえば，自らの母語の微妙な音声の差異に気づいている人はほとんどいないといって良いであろう。現在でも，日本語の母語話者は，ハ行音はすべて［h］音だと思って発音していることであろう。しかしながら，ハ行のイ段やウ段は，［hi］でもなければ，［hu］でもない。実際の音声は，専門的な用語でいえば，硬口蓋摩擦音［ç］と両唇摩擦音［Φ］である。言語学では，このような場合，音韻論的には/h/であるが，音声学的にはイ段とウ段は，それぞれ［ç］と［Φ］いう異音であると説明されている。「フ」の音については，自身で意識しながら発音してみると分かるが，唇を前に突き出して発音するため，他の音価と比べかなり特徴的な音であることに気づくはずである。ちなみに，このハ行音の音韻変化は日本語独自のものではない。アルタイ諸語

の一つであり,日本語との系譜的関係があると推定されているモンゴル語の音韻変化の場合も,同様の史的変遷を辿ったと考えられる。文字と音の関係が本格的に学問的な研究課題として取り上げられるまでには,鎖国の時代が解け,明治という新しき時代の曙を待たねばならなかった。

明治に入り,西洋の文化が日本に導入されるようになると,文字に対する文学者たちの関心も大いに高まるようになった。明治初期の頃の「言文一致運動」は,文学における国字改良運動の黎明期とみなすことができよう。勿論,国語学の分野からも物集高見(もずめたかみ)(1847－1927)の『言文一致』(1886)のような著作もみられるが,当時の国民に多大な影響を与えたのは,文学における言文一致運動であろう。ただし後年,物集は自身の「言文一致」の見解に否定的であったことは付記しておきたい。なお,この時代の代表的作家には,二葉亭四迷(1864－1909),山田美妙(1868－1910),尾崎紅葉(1867－1903),嵯峨の屋御室(本名 矢崎鎮四郎)(1863－1947)がいる。

彼らの代表的作品とその文末文体を挙げると次のようになる[12]。

表2 言文一致を実践した作家

作　　　家	作　　品	文　体
二葉亭四迷	『浮雲』（明治20年〜22年）	ダ　体
尾崎紅葉	『二人女房』（明治24年）	デアル体
	『多情多恨』（明治29年）	
山田美妙	『胡蝶』（明治22年）	デス体
嵯峨の屋御室（矢崎鎮四郎）	『野末の菊』（明治22年）	デアリマス体

このような時代を通して,学者の中にも,言文一致の問題に取り組む動きが次第にみられるようになる。この頃から,言文一致の問

題を含む国字表記に対する関心が一般大衆にも浸透し，国語国字問題が社会的問題として扱われる重大な問題事項となるのである。

では，次に通時的観点から，国語国字問題についてみていくことにしたい。

先述したように，本格的なローマ字化運動は，1885（明治18）年，外山正一を中心とした「羅馬字会」が結成された年とみてよいであろう。特筆すべき点は，当時の会員数のことである。現在でも，何らかの学会が結成される際には，その会員数の多寡が問題になるが，当時の会員数は，現在の学会の会員数からみると，異例ともいえる6千人以上の会員を集めている。まさに，当時の国民の国語国字問題に対する関心の高さを窺うことができるといえよう。

1905（明治38）年には，ローマ字論者が結集して「ローマ字ひろめ会」を組織する。この時の中心的人物が，藤岡勝二，田中館愛橘，田丸卓郎，前島密である。この「ローマ字ひろめ会」の結成は，当時の社会的世相を知る上で注目すべき出来事であった。ちなみに，すでに述べてきたように，代表的なローマ字表記法としては，「ヘボン式」と「日本式」という二つの有力な表記法が使用されている。「ヘボン式」と「日本式」の表記法の違いはいくつかみられるが，ここでは，その代表的な例であるサ行音とシャ行音のみを掲げたい。諸例については，服部四郎（1908 - 1995）の『音韻論と正書法』（1979）を参考にすることにした。

サ行音の表記

sa　shi　su　se　so　（ヘボン式ローマ字表記法）
sa　si　su　se　so　（日本式ローマ字表記法）

サ行音の表記（濁音）

za　ji　zu　ze　zo　（ヘボン式ローマ字表記法）
za　zi　zu　ze　zo　（日本式ローマ字表記法）

シャ行音の表記

sha　shu　sho　（ヘボン式ローマ字表記法）
sya　syu　sho　（日本式ローマ字表記法）

シャ行音の表記（濁音）

 ja　 ju　 jo　（ヘボン式ローマ字表記法）
zya　zyu　zyo　（日本式ローマ字表記法）

ハ行音の表記

ha　hi　fu　he　ho　（ヘボン式ローマ字表記法）
ha　hi　hu　he　ho　（日本式ローマ字表記法）

「ローマ字ひろめ会」の中でも，ヘボン式ローマ字表記法と日本式ローマ字表記法のどちらを採用するかで見解の違いがみられ，二つの大きな潮流ができる。その後，この表記法についての意見の相違から，日本式ローマ字表記法を支持する側は，この会とは袂を分かつことになり，1921（大正10）年には，独自の日本ローマ字会を設立することになるのである。

　ここにおいても注目すべき点は，当時の日本ローマ字会の会員数である。前回の「羅馬字会」も国語学，言語学関係の研究者などの

専門家を問わず多数の会員が集まったが、この設立時も、およそ7千人近くの会員が参加したと推定されている。これほどの数の会員が、国語国字問題、とりわけローマ字国字論に関心を寄せていたことは、それほど文字に対して関心を抱かないわたしたちの世代にとって、驚嘆に値する数であるといわざるを得ない（ちなみに、多くの国語関係者が属している国語学会でも、会員数はおよそ2400名［2003年1月現在］である）。

　また、特に留意すべき点は、先述したように、日本ローマ字会の会長であり、日本式ローマ字表記の考案者田中館愛橘も、副会長の理学博士田丸卓郎も、言語学者や国語学の関係者でなく、物理学が専門である理科系の学者であったことである。とりわけ、田中館は、航空学、地球物理学の分野の権威であり、平成14年度の「文化人の郵便切手」にも取り上げられている。同時に選出された俳人正岡子規（1867 - 1902）、浮世絵師鳥居清長（1752 - 1815）の名前がヘボン式で表記されているのに対し、田中館の名前は、彼の文字に対する思想性を配慮したのであろうか、人物切手としては珍しく自らが考案した日本式で表記されている。かくほどに、物理学者に関心を抱かせた文字の魅力とは何であったのか。また、日本式ローマ字表記法を採用したのはなぜなのだろうか。客観的で体系性を重んじる理科系の学者にとっては、やはり、体系的で規則性を重んじる「日本式」のほうが遥かに自らの理論に適っていたのかもしれない。

　これより以前に、社会的な出来事として国語国字問題が取り上げられるのが、1912（明治45）年である。時は、まさに大正デモクラシーの幕開けを迎えようとしていた。先述したように、ヘボン式ローマ字表記を支持している「ローマ字ひろめ会」は、同年7月5日、神田青年会館で国語国字問題の大演説会を開くことになる。そして、その中心的存在であったのが、東京帝国大学教授の藤岡勝二である。他にも、この会には、慶應大学教授向軍治、児童文学作家巌谷小波（いわやさざなみ）

（1870‐1933）がいた。一般的には児童文学作家として著名な巌谷小波までもが，漢字廃止論，ローマ字採用論に参加していたことはきわめて興味深い事実といえよう。この頃ほど，ローマ字採用論，とりわけヘボン式ローマ字論が取り上げられ，盛んに論議された時代はなかったであろう。昨今は，日本語ブームといわれ，日本語に関する本が数多く出版されているが，日本語の文字に対し，これほどまでに熱心に議論されるようなことはないであろう。時代の気風というものは，その時代に身を置かなければ，真に理解することは不可能であるが，今日のわたしたちの感覚では想像し難いほど，当時は国語国字問題についての一般大衆の関心はきわめて強いものがあったと考えられる。

これより以降，『口語法』（1916），『口語法別記』（1917）が，国語調査委員会を中心に編纂されることになる。この編纂に直接に携わったのが，『言海』（1884年に完成し，後に『大言海』へと発展する）の著者である大槻文彦であり，他にも，上田万年，保科孝一，藤岡勝二，芳賀矢一（1867‐1926），さらに，「仮名の研究」で知られる国語学者大矢透（1850‐1928）も加わっている。ただし，芳賀は，田中館，田丸との共著もあり，他の学者と異なり，日本式ローマ字を支持していたように思える。

上田は，弟子である藤岡同様，ヘボン式ローマ字化運動に熱心で，自身も1915（大正4）年に，『ローマ字びき国語辞典』を刊行している。その後，続いて1918（大正8）年には，藤岡勝二も『ローマ字びき実用国語字典』を出版している。

前節でも述べたように，1926（昭和元）年になると，カナモジカイが，駅名に関して仮名文字の採用を要望したため，ローマ字国字問題が再び議論されるようになる。この問題に関しては，藤岡勝二や嘉納治五郎らが連署で，ヘボン式ローマ字の必要性を説いている。そして，1930（昭和5）年には，臨時ローマ字調査会が設置されて

いる。このあたりの経緯については,『臨時ローマ字調査会議事録』(1936 - 1937),『国語ノローマ字綴方ニ関スル事項ヲ調査ス』で詳しく知ることができる。ただし,先述したように,日本式ローマ字表記法の考案者田中館愛橘,そして,すでに『ローマ字文の研究』(1920) という優れた著書を上梓していた高弟田丸卓郎などの理学者は,終生日本式ローマ字表記法にこだわり続けた。一方,藤岡,嘉納の両名はこの意見に対し,ヘボン式ローマ字化を強く唱え,激論を展開している。不思議なことに,ヘボン式に強く賛意を示していた上田は,文部省専門学務局長及び文科大学学長職を歴任したという立場上の問題もあったのだろうか,この時には中立委員になっている。

1930年代に入ると,日本においても,次第に戦争の暗い影が忍び寄るようになり,現行の文字に対する人々の関心は,徐々に文字に対してではなく,語彙に向くようになる。こうして,時の政府は,漢語を極端に重視し,次第に排外的な外来語排斥運動へと傾斜していくようになるのである。

1931 (昭和6) 年には,国粋主義的イデオロギーの思想をもつ国語学者山田孝雄が,「国体重きか仮名遣い案重きか」を論じ,国体と国語国字問題との紐帯を提示した。時節は,まさに満州事変を迎えようとしていた。国語国字改良運動に尽力し,ヘボン式ローマ字化を唱えた藤岡勝二は,社会が右翼の思想に傾斜していく姿を知らぬまま,1935 (昭和10) 年,六十五歳で逝去する。その二年後,師の上田万年も不帰の客となる。ここにおいて,国語国字問題に関する国家的改革は終焉を迎え,戦後になるまで,特筆すべきローマ字化国字論はすっかり影をひそめるようになるのである。

本節のローマ字化国字論は,主に戦前を扱っているため,戦後のGHQ統治下におけるローマ字化問題は割愛することにした。勿論,ローマ字国字問題を概観するためには,この時代のローマ字化国字

論に関する研究は，今後の国語国字問題を考える上でも，頗る重要な問題を胚胎しているといえるが，戦後以降の国字問題については，数多くの好著がすでに出版されており，本章では扱わないことにした。本章では，1900（明治33）年という当時の言語学会が『言語学雑誌』を創刊した年を，国語国字問題のメルクマールとし，戦後までの国語国字問題に関して考察してみた。

　以上，様々な文字の変遷をみてきたが，これまで，日本語の表記に関して，新国字論，カナ文字論，ローマ字論など，数多くの学説が提示されてきた。日本語における文字体系の最大の特徴は，漢字，平仮名，片仮名，ローマ字など多用な文字体系から構成されていることであろう。言葉の変化においては，文字の問題は，語彙や文法と同様，きわめて重要な問題である。とりわけ，文字という存在は，国家の政策とも深く結びついており，国家主義的イデオロギーとも関係が深い問題である。このような文字と音に関する研究は，社会言語学的観点からみても，きわめて重要な課題といえるであろう。国語国字問題に関する文献を紐解くと気づくことであるが，従来の日本において，国語国字問題に関するテーマが，専門の学者だけではなく，朝野の貴顕を問わず，いかに数多の人々の関心を引きつけてきたか分かるはずである。今では想像だにできないほど，当時は，専門，非専門を問わず，多くの人々が国字改良運動に積極的に参加していた時代であった。さらに特筆すべき点は，若者が電子メールなどで多用している「棒引き仮名遣い」（引く音ー）のような表記が，国字問題の変遷史を検証してみると，短期間ではあったにせよ，国家の正式な表記として認められていたことである。

　言葉というものは，時が移りゆくとともに変化していくものである。文字もその例外ではない。勿論，「はじめに音ありき」であることには違いなく，まず音韻変化が起こり，文字の変化は，その後で常に起こるものである。文字は一旦，規範化されると，さらに具

体的にいえば，『広辞苑』などの権威ある辞書に記載されるようになると，実際の音価とは全く異なる文字であったとしても，慣用化されることもあり得る。今後も，文字と音の関係は，国語国字問題を考える上で，綿密な研究が必要とされる学問分野となることであろう。

5. 言語学における言語変化の問題
― 通時的観点から ―

ここでは，言語学の様々な潮流のなかで，「言語変化」の問題がどのように捉えられてきたのか概観しておきたい。

5.1 比較言語学における言語変化

比較言語学（comparative linguistics）という学問分野は，J.グリム，F.ボップ，R.ラスクなどの研究者が，サンスクリット語，ラテン語，ギリシャ語，ペルシア語などの語彙の音韻対応（sound correspondence）の一致から言語の系譜的関係を証明しようとした頃を淵源とみなすことができるだろう。彼らの綿密な研究成果により，インド・ヨーロッパ語族（Indo‒European Language Family）が，様々な言語に分岐したことが証明され，その系譜的関係が次第に明らかになっていったのである[13]。なお，初めてこの言語の共通性に気づいたのは，専門の言語学者ではなく，Sir.W.ジョーンズ卿（Sir William Jones 1746‒1794）という裁判官であり，1786年に「インド人について」と題し，サンスクリット語，ギリシャ語，ラテン語の語彙が，きわめて酷似していることを発表したのであった。勿論，ジョーンズ自身には，新しい学問分野を誕生させようなどという意図はなく，言語に関する該博な知識によって，このような言語間の諸特徴に気づいたにすぎない。しかし，この講演こそが，まさに，言語の系譜関係を解明する比較言語学という学問分野を誕生させる契機になったのであった。ちなみに，この大言語族にインドという名前が付いているのは，古代インド語であるサンスクリット

語と2.5の「日本語とアルタイ諸語の借用語彙」の箇所で掲げた，かつてアジアに位置し，豊富な仏典資料を有していたトカラ語が存在したからである。ここで，留意しなければならないのは，比較言語学にとって最も重要な言語であるサンスクリット語を用いたのは，ボップだけであり，それも動詞活用組織の資料に限られたことである。比較言語学の泰斗と称される学者たちも，サンスクリット語の難解さのためか，まだ比較言語学の音韻対応に活用できるほど，この言語に習熟していなかったのであろう。

ところで，比較言語学とは，同系と考えられる言語を音韻対応によって，その系譜的関係を明らかにすることであるが，重要な点は，対象となる言語は，決して任意の言語間ではなく，あくまで同系と想定できる言語が対象となっていることである。仮に，任意の言語を，音韻，形態，文法などの観点から比較するとすれば，それは言語学では，「対照言語学（contrastive linguistics）」として扱われる。現在の言語教育の分野，特に，留学生に対する日本語教育の分野においては，「誤用分析」「干渉」などの用語が用いられ，対照言語学という学問分野は，きわめて重要な研究分野となっている。例えば，中国人留学生が，濁音と清音の誤記をするのは，彼等の母語に有声，無声の区別がないからである。中国語では，有気音，無気音の区別しか存在していないのである。日本語教育の分野に携わっている人は，学習者の母語と日本語を対照言語学的観点から比較し，同じ母語をもつ学生がなぜ同様の間違いをするのか，充分に把握しておかなければならない。

留学生の日本語教育に携わったことのある人なら，経験があるかと思うが，互いに会話を交わしている時には，流暢に日本語を話す留学生であっても，書いた文章を読んでみると，同一の人が書いたとは思えないほどの稚拙な誤用表現が現われる場合がある。これは，勿論，学習者の勉強不足のせいもあるだろうが，その一方で，母語

に日本語のような「清音」と「濁音」の区別がない場合には,本来必要のない箇所に濁音の記号を用いたりする誤りがみられるからである。このような音声に関わる誤記は,母語を異にする学習者によくみられる現象である。

この分野については,言語変化の問題とは直接関係がないため,これ以上取り上げることは避けるが,対照言語学という言語分野は,今後も言語教育の分野において,きわめて重要な研究課題となることであろう。

本節では,例を簡単にして説明するために,比較言語学における音声変化がどのように対応しているのか,同じインド・ヨーロッパ語族ゲルマン語派の西ゲルマン支派に属する英語とドイツ語を取り上げて,みていくことにしたい。

英語	ドイツ語	
d →	t	
daughter	Tochter	「娘」
day	Tag	「日」
drink	trinken	「飲む」
drive	treiben	「運転する」
th[θ] →	d	
thank	danken	「感謝する」
three	drei	「3」
think	denken	「思う」
t →	z[ts]（破擦音）, ss[s]（摩擦音）	
ten	zehn	「10」
foot	Fuss	「足」

5.1 比較言語学における言語変化

water　　　　　Wasser　「水」

　破擦音とは，破裂音の後すぐに摩擦音が続く音価のことである。なお，ここでも実際の文字と音とは別であることを確認しておきたい。ドイツ語のzは音価としては［ts］，ssの音価は実際には［s］である。循環図とは，少し摩擦音の音価が異なるが，基本的には，英語とドイツ語が図8のように，循環していることが分かるであろう。上記の例の場合，英語からドイツ語への音声変化が，［無声閉鎖音 → 摩擦音 → 有声閉鎖音］という順路をとっているため，姉妹言語（sister language）といわれる両言語の場合，音韻に関しては英語のほうがドイツ語より古い音声を残していることが分かる。

　ただし，ここで注意しなければならないことは，このような規則的な音声変化は自然科学の法則のごとく人間の意思とは関係なくいっせいに変化したわけではないということである。当時は，法則という名称が冠されている通り，例外なくこのような変化が起こり得ると考えられていた。また，仮にこのような音声変化に例外が出てきた場合には，新しい規則が作り上げられ，言語が，あくまで自律的に変化する存在であるとみなされてきたわけである。

　図8の循環図をみて，このような音声変化の法則が，本当に話者の意識とは無関係に，自然な法則として起こり得るのか否かという

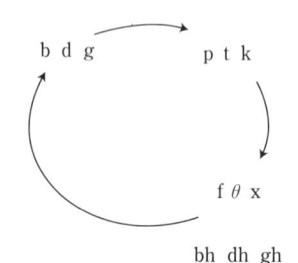

```
        b d g  →  p t k
          ↑         ↓
              f θ x
           bh dh gh
```

図8　グリムの音法則　柿木（2000）より引用

素朴な疑問を抱かざるを得ない。当時は，時代の変化とともに，言語変化が自然盲目的に変化を遂げるという自然有機体観が言語学界においても信じられていた時代であった。これが，一般的に「グリムの法則」と呼ばれる規則であり，この時代の代表的な著作としては，1816年にボップが刊行した『ギリシャ，ラテン，ペルシア，ゲルマン諸語との比較におけるサンスクリット語の動詞活用組織について』がある。これ以降の著名な言語学者として，A.シュライヒャー（August Schleicher 1821 – 1868）を挙げることができるであろう。彼は，Ch.R.ダーウィン（Charles Robert Darwin 1809 – 1882）の進化論に多大なる影響を受け，自然の摂理の法則が，鉱物，植物，動物に成長，発展していくのと同様に，言語の変化も，自然科学の法則のように，孤立語，膠着語，屈折語のタイプに変化し，進化していくと考えていた。

　以下に，現代の系統論の図ではなく，シュライヒャーの系統図を掲げておく。

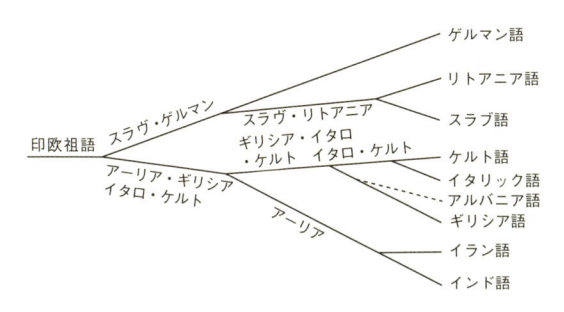

図9　シュライヒャーの系統図
風間喜代三『言語学の誕生』(1978)より引用

　勿論，このような学説は，すでに，A. v. シュレーゲル（August von Schlegel 1767 – 1845），F. v. シュレーゲル（Friedrich von Schlegel 1772 – 1829）兄弟，W. v. フンボルト（Wilhelm von

Humboldt 1767 – 1835）も同様な理論を唱えてはいたが，ダーウィニズムを言語の進化に援用した本格的な理論として，最も知られた学説であるといえよう。このように，当時は，言語があたかも自然有機体であるかのように捉えられていたが，実は言語だけではなく，言語共同体が有する文化までもが，この進化論の法則と同一視されていたのである。そして，進化論的段階においては，最も下位にある「孤立語」に属する中国語が，なぜあのような高度な文明を築けたのか本気で訝しがる学者もいたほどである。このダーウィンの理論は，一種の社会的現象といえるほど，あらゆる学問分野に多大なる影響を与えていた。後に，ソシュールが，同時代の著名な社会学者E．デュルケームの「社会的事実」という学説に影響を受けたように，あらゆる学問分野は，どうしても，当時の社会現象を反映するものなのであろう。この時代も決して例外ではなく，あらゆる人文科学の分野にダーウィニズムが浸透していたのである。

　ここで，最も留意すべきことは，このような言葉の変化が，人為が介入することなく，「自然盲目的」に発展していくと考えられていることである。勿論，今日の言語観からすると，一つの言語が上記の分類法の範疇に収まることはあり得ないし，ましてや文化の発展とは無縁であることはいうまでもない。しかしながら，当時の社会的状況下において，このような言語の進化に対して矛盾を感じる研究者はほとんどいなかった。

　ただし，言語学界では異端とみなされ，圏外の精神をもつ学者と称されたH．シューハルト（Hugo Schuchardt 1842 – 1927）だけは，言語の混交という考えを堅持し，当時の青年文法学派とは一線を画していたのは注目すべきであろう。この「言語の混交」という考えは，系統論説においても充分考慮しなければならない説でもある。

　わたしたちは，これまで，『言語学』の概論書を紐解いた時，インド・ヨーロッパ語族の系統論的分類図が記載されているのを目に

したことがあると思う。このような，言語を自然有機体とみなした時代とは異なり，現在では，さらに緻密な系統図が書かれている。日本語の古代文献と異なり，インド・ヨーロッパ語族は，数多の古い文献を有しているため，内的再構（reconstruction）などの精緻な研究を通して，祖語がいかに分化していったのか解明できたのであろう。

しかしながら，ある言語が他の言語接触による変化も受けず，ただ漫然と自然に分化していったとは考えにくい。そこには，必ず，様々な言語の混交が起こっていたはずである。言語とは，人間の営みとは関係なく，ただ自然盲目的に変化していくとは考えられない。「自律的変化」とは，言語純粋主義の毒された産物にすぎない。この時代，青年文法学派の果した役割といえば，従来の比較言語学者と異なり，文献学上の文字と実際の音価を同一視することを改め，音声重視の姿勢を強調した点にあるといえよう。青年文法学派H.パウルも『言語史の原理』の中で次のように述べている。「文字は言語そのものでないのみならず，また，けっしてそれに等しいものではない」と。

5.2 近代言語学以降の言語変化

近代言語学の創立者F. de ソシュールの出現により，言語学の理論は，従来の歴史言語学から共時言語学へとコペルニクス的転回を果す。ただし，彼の代表的な著『一般言語学講義』は，弟子のA.セシュエ（Séchehayé, A.）やCh.バイイ（Bally, Ch.）の尽力により，残された草稿や聴講した学生のノートから復元され，刊行されたものである。本人自らが記した著書ではないため，文中には，当然のことながら，矛盾した箇所もみられるが，この著書が後代のあらゆる学問分野に影響を与えることになったのである。ソシュールの共

時言語学は,確かに,同時期の言語を考察したものであるが,彼自身は,決して歴史を否定しているわけではない。H.パウルに代表される「言語学は言語史である」というテーゼに疑問を感じ,それまでの通時言語学からの呪縛から言語を解き放ち,同時代の言語研究の必要性を説きたかったのである。

5.2.1 構造言語学

近代言語学の成立以降,構造言語学は三つの学派に分派するようになる。以下に,その代表的な学派とその学派に属した学者を掲げることにする。

学派の名称
 Ⅰ ジュネーブ学派
代表的な学者
　A. セシュエ（Albert Séchehayé 1870 – 1946）
　Ch. バイイ（Charles Bally 1865 – 1947）

　Ⅱ プラーグ学派
　A. マルチネ（André Martinet 1908 – ）
　R. ヤーコブソン（Roman Jakobson 1896 – 1982）
　V. マテジウス（Vilem Mathesius 1882 – 1945）

　Ⅲ コペンハーゲン学派
　L. イェルムスレイ（Louis Hjelmslev 1899 – 1955）

このように,「構造言語学」といっても,その言語観には様々な違いがみられるのである。構造言語学がもたらした潮流は,これだけではなく,アメリカにおいて成立した「記述言語学」（descriptive linguistics）も，この流れを組む理論である。いっさいのアプリオリを排し，ただ眼前に存在する音を頼りにしてフィールドワークを試みる手法は，全く言語変化など入りこむ余地はなく，言語は常に完結したシステムでなければならなかった。例えば，ネイティブの未開民族の言語を調査していくときには，調査対象となるインフォーマントに言葉の揺れがあってはならないのである。記述言語学者にとって，個々人の独自性などには全く関心がない。彼らにとっての研究対象は，あくまで，常に変化する可能性を内包する個々人の発話による「パロール」（parole）ではなく，多くの言語コーパスから導きだされた言語体系である「ラング」（langue）なのである。一般的に帰納主義と呼ばれる構造主義は，この点で次世代に登場する演繹主義的な生成文法とは全く異なる言語観を有している。しかし，この方法論の最大の矛盾点は，どれだけ数多くの言語コーパスを集めたところで，有限個の資料体にすぎず，言語体系の全貌などを解明することは不可能だということである。また，さらに留意すべき点は，現実社会において用いられている言語は，ラテン語のような，使用されなくなった言語ではなく，常に移りゆく存在であるということである。H. パウルも『言語史の原理』で引用しているように，W. v. フンボルトいわく「言語は永続的な創造である」。当然のことながら，構造言語学が理想とするような自己完結した言語体系と日々刻々と変化する現実の言語体系とは遊離せざるを得ないのである。構造言語学には，上記にも掲げたように様々な学派があるが，共通した認識は，研究対象となる言語をあくまで完結した言語体系であるラングとみなし，一回体のパロールを重視しなかったことにある。しかしながら，先述したように，研究対象となるコーパスが揺れ動くものであるとすれば，どれほど正確な記述をしても，そこから抽出される言語体系は，ある一定のコーパスの結果にすぎない。また，ソシュールのいう共時態とは，変化しているダイナミ

ックな状態にある言語を，瞬間的に捉えたものにすぎず，理想的な完結したシステムを想定したとたところで，現実には，有限個の資料から言語の総体を導きだすことには限界があり，現実の言語には，不動の生命体などは決して存在しないのである。

この矛盾を一気に解決しようとしたのが，次に挙げる N. チョムスキーの生成文法（generative grammar）であった。

次項では，この生成文法について若干の説明をしておきたい。

5.2.2 生成文法

本来生成文法とは，人間の内部には元々，人種や民族の枠を超え，LAD（language acquisition device）「言語獲得装置」なるものが組み込まれているという前提から学説が展開されている。なお，ここでは，従来の変形生成文法（transformational generative grammar）という名称ではなく，現在，一般的に用いられている「生成文法」という用語を使うことにする。20世紀を代表する言語学者チョムスキーの説を概観すると，人間には元来，言語獲得装置が備わっており，どのような人間であっても，一次的な言語データ（primary linguistic date）さえ与えてやりさえすれば，この言語能力が開花し，統語的に矛盾のない文を創り出すということである。換言すれば，人間は，有限個の言語資料を用いて，無限の（正確には無限に近い）文を生成する（generate）能力を有しているということである。それは，何ら疑問を抱く余地のない，動かし難い命題となっており，考えることさえ許されないアプリオリな思想から始まっている。幼児が自然と言葉を覚えていくプロセスには，このような能力が潜在的に備わっているということなのである。この普遍文法（universal grammar）の解明こそが，生成文法の最大の課題といえるであろう。

以上，構造言語学と生成文法の特徴をみていくと，帰納主義的な

構造主義と演繹主義的な生成文法とは、全く対照的な言語観を有しているかのように思える。しかしながら、様々な流派に分岐していく構造主義もチョムスキーの生成文法も、個々の言語話者の存在が考慮されていない点では共通しているといえよう。つまり、構造主義、あるいは記述主義が抽出した個々人の言語データは無視されており、生成文法においては、地域方言や話し言葉は全く研究対象外となっている。両者ともに、研究対象となるのは、あくまで完結した理想的な言語システムそのものでなければならないのである。ただし、このような構造言語学から生成文法への言語思想の変化は、ここで問題にしている「言語変化」の問題への追究にまでには繋がることはなかった。ある意味では、この言語思想の変化は、思想的には大転換であったかもしれないが、個々の言語変化を取り上げていない点では共通しているといえるかもしれない。学問上の理想的な言語（ラング）は、変化しない存在体として捉えることができても、現実の言語体系は、常に変化し、生成している。この「生成する」という言葉は、言語がまるで自律的変化をするかのように捉えられがちであるが、チョムスキーがここで用いている学説の意味は、先述したように、有限個の言語資料から無限に近い文を生成することができるということである。

なお、チョムスキーの学説に最も影響を与えた人物に、W. v. フンボルトという言語学者がいる。言語類型論の説明の際にも挙げた人物であるが、言葉というものを、エルゴン（ergon）ではなく、常にエネルゲイア（energeia）な存在であると述べている。つまり、言語とは、すでに出来あがったものではなく、人間が常に創り出していく存在であるということである。換言すれば、言語は出来あがったもの（sein）ではなく、常に生成し続けている（werden）存在であり、ここにこそ言葉の本質があるとみているのである。チョムスキーとフンボルトの用語は、一見すると似ているように思えるが

（実際，チョムスキー自身，フンボルトの言葉を引用している箇所がみられる），その言語観には明らかに相違点がみられる。それでは，ソシュールの言語観はどうであったのか。ソシュールのいうラングとは，言語を一つの相互システムとみなし，あくまで変化しない完結した体系と捉えているのである。また，それは，常にアモルフな状態にあるパロールとは対極な位置にあるといえる。以降の構造言語学者たちが想定した言語も，あくまで変化しない完結したシステムと捉えられているが，現実の社会においては，変化しない抽象的な言語などというものはどこにも存在しないのである。繰り返しになるが，構造言語学も生成文法も，個々人のデータを無視し，言語を完結した体系と捉えたために，自律的変化ではない言語変化という重要な言語の特徴に気づくことはなかったのである。

　一方，一回体で常に変化するパロールを重視したのが，社会言語学という学問分野である。ここでは，言語の変化こそが言葉の本質であると考えられているのである。

　言語学者E. コセリウ（Eugenio Coseriu 1921 -）は，ソシュールの学説を批判し，次のようなことを述べている。

　ソシュールがやったのは存在論ではなくて方法論である。かれの主眼は，共時言語学と通時言語学とを，もっと適切に言えば，言語学における共時的観点と通時的観点とを区別することにあった。したがって，共時態と通時態との区別は，言語についての理論にではなく，言語学の理論にかかわるものである。

　人間が言葉を話す限り，現実に用いられている言語は変化していくものである。言語には，常に言葉が変化する要素が内包されているのである。言語学という学問上，便宜的に言語変化しない完結した言語システムを想定するのはよいが，現実の言語と学問上の理想

的な言語とを混同してはいけないのである。

　このように，近代言語学の成立以降，構造言語学も生成文法も顧みることのなかった「言語変化」という現象こそが，次に取り上げる「社会言語学」という学問分野が，言語の本質を知る上で最も重要視したテーマなのである。

　次節では，言語変化という問題に取り組んだ「社会言語学」という言語分野について概観してみたい。

5.3　社会言語学における言語変化

　先述したように，構造言語学，生成文法には様々な相違点があったが，言語が自律的存在であり，特定の個人を扱っていない点では意見の一致がみられた。構造言語学では，研究対象となるデータは，言語コーパスであり，特定の個人に関する情報などには全く関心がなかった。一方，生成文法では，人間には，元々言語獲得装置が備わっていることを前提とし，社会という存在さえも捨象したために，一人の理想的な話者と聞き手（an ideal speaker-listener）さえ存在すればよかったわけである。このような人間不在の言語に敢然と異を唱えた学問が，社会言語学という研究分野である。もっとも，日本における社会言語学とは「言語生活」という名の下，方言の研究を中心に進められてきたため，日本と欧米の社会言語学の成立は別にして考えねばならないであろう。まず，ここでは，方言について考えてみたい。一般的に方言は，地域方言（regional dialect）と社会方言（social dialect）に分けることができる。社会方言に関しては，従来の国語学の分野において「位相語」として扱われてきた分野ではあるが，現在では，むしろ社会的変種と言い換えたほうが良いのかもしれない。以下に，様々な社会言語学のトピックの一部を掲げることにする。

① 階層と言葉
② 性と言葉
③ 宗教と言葉
④ 方言と言葉
⑤ 国家と言葉

上記の項目が，社会言語学の研究分野における主に社会的変種にかかわるトピックであるが，勿論，地域方言（この章では単に方言としておく）も重要な研究対象として含まれている。「言葉の本質は言語変化にある」といわれるが，まさしく自律的変化という言語変化の考えから脱し，言葉の変化を人間や社会との関係を射程に入れながら研究したのが，「社会言語学」という学問分野の研究成果といえよう。

5.3.1 階層と言葉

W.ラボフの『ニューヨーク市における英語の社会階層』において，すでに実証されていることであるが，言葉を変化させる要因には，階層の問題が関係している。彼の実験では，最も言葉を変えようとする階層は，「下層中産階級（lower middle class）」であり，あらゆる階層の中で，この階層が最も熱心な言語変化の牽引役となっているのである。ある言葉を話すことによって，より上流の階層とみなされるとすれば，誰しもが言葉遣いに注意を払うことであろう。勿論，言葉の用い方にあまりにも熱心になりすぎたために，上流階級の言葉において本来使う必要のない言葉までも用いた例もみられる。いわゆる過剰修正（hyper correction）の例である。欧米のように，上流階級，労働者階級といった画然とした階層差がみられる社会においては，言葉は単なるコミュニケーションの道具ではなく，自らの階級と強く結び付いているのである。現代の日本の社

会では，このような階層差による言葉の違いはみられないが，江戸時代には士農工商という身分の違いが画然としており，言葉もはっきりと使い分けられていた。

以下の三角形では，地域的変異と社会的変異の相関関係が三角図で示されている。

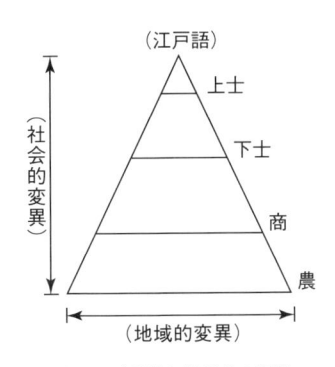

図10　地域差と階層差の相関
真田信治・渋谷勝己・陣内正敬・杉戸清樹『社会言語学』(1992) より引用

現代の日本社会では，考えられないことであるが，歌舞伎役者二世中村芝鶴 (1900 - 1981) が職業差によって歴然とした言葉の違いがあることを指摘している。また，よく知られた例では，『言語学雑誌』(第3巻第2号) において，岡野久胤が，性差や職業によって言葉にどのような違いがみられるのか，詳しい事例を掲げ説明している。

例を挙げると，次のようになる。

私にも，それを下さい	通用語
あたいにも，それをおくんな	男児
私にも，それを頂戴な	女児
私にも，それ頂戴よ	芸妓社会

5.3　社会言語学における言語変化

僕にも，それ呉れ給へ	書生社会
わしにも，それくんねい	職人社会

　この中には，現在では，すでに用いられなくなった言葉遣いもあり，職業による言葉遣いの違いは明らかに変化している。実際の言葉遣いの違いには，様々な要因があり，錯綜としている。現代社会では，主たる要因として，上下関係（power）や仲間意識（solidarity）を挙げることができるであろう。

5.3.2　性と言葉

　男言葉と女言葉の違いに関しては，すでに柿木（2000）で述べておいたが，日本語の場合には，明確な区別がなく，「女性のほうが男性より丁寧な変種を用いる」という説明の方がより現実的であると思われる。著名な社会言語学者J. ホームズ（Janet Holmes）は，『社会言語学』（1992）の中で，hara「腹」とonaka「おなか」を男性言葉と女性言葉に完全に区別しているが，実際には，わたしたちは，性差とかかわりなく，両方の語彙を用いている。確かに，上記の語彙以外にも，女言葉に分類されている語彙の中には，元々は，宮中にのみ用いられていた女房言葉もみられる。現在でも残っている例としては，「おひや」「しゃもじ」などの言葉を挙げることができるだろう。しかし，現代日本語を用いている人が，発話時にそのような通時的側面を考慮し，コミュニケーションしているであろうか。話し手の意識にあるのは，あくまで現実に用いている言葉であり，常に共時的観点から話しているはずである。もし，今話している言葉の語源のことを意識し始めると，互いのコミュニケーションは瞬時に成立し得なくなる。現代の社会では，男女平等社会の実現を掲げる市町村も多くみられるようになり，実際に，従来は男性だけや女性だけに限られていた職場にも，男性，女性が関係なく参加

できるようになっている。そうなると，当然のことながら，従来の呼称も変えなければならなくなる。社会現象が，言葉の変化を必要とした好個の例といえよう。日本語では，次のような名称の変化が定着しつつある。

看護婦　→　看護師
保母　　→　保育士

欧米では，このような名称の変化は顕著であり，一般的に知られているchairman → chairperson「議長」はいうまでもなく，early man → early human「原始人」までもが，manからhumanに変化しているのである[14]。

以上，みてきたように，日本や欧米に限らず，性差と言葉の関係というものは，社会的現象が，言葉の変化を誘引する可能性のある証左となり得るであろう。

5.3.3　宗教と言葉

すでに，2.5で，日本語における仏教用語についてみてきたが，日本語には，仏教用語とは知らずに用いている語彙も実に多い。これは，言葉の変化というより，むしろ仏教が日本の社会に根づいたために起こった現象といえよう。本章でも取り上げるべき差別用語の「差別」もそのような語彙である。元来は，「しゃべつ」であり，意味は「すぐれていること」を指し，「功徳差別」のような言葉もあったのだが，現代の言葉の意味とは全く別の意味に変化している。また，「無学」もそうである。無学とは，元々はもう学ぶべきものがないほど優れた人物のことを指している。

円覚寺の僧に，無学祖元（1226 – 1286）という，時の支配者であった執権北条時宗（1251 – 1284）から絶大の信頼を受けていた

名僧がいる。

　すでに，2章の語彙の箇所で，日本語の仏教用語について詳しく述べておいたが，日本語の中には，日常化するほど仏教に関する語彙が浸透しているのである。

5.3.4　方言と言葉

　最近は，「方言の時代」といわれ，方言蔑視の時代があったことなど，忘れさせるような趨勢であるが，かつては，フランスの罰札制度に倣って，方言を話したものに対して，辱めを与え，標準語を習得させるようなまさに非人道的な行為が行われていたのであった。日本語と琉球方言は，系統論的に姉妹言語（sister language）であったことがすでに証明されているが，沖縄の言葉も耳で聞いただけでは，決して日本語と同系統であったとは分からない。個々の単語の音声と意味を比べると，確かに類縁性が認められるが（例えば，「酒」/sake/（日本語）→ /saki/（琉球語）の/e/と/i/の音韻対応など），標準語化を志向している日本にとっては，やはり同一社会において別の言語が存在していること自体，不都合であったと考えられる。

　ここでは，現在のような方言が謳歌できる時代とは違い，日本が標準語化を目指した二十世紀初頭を中心にみていくことにする。すでに，4.3で列挙したことであるが，当時の政府の基本方針には，漢字を廃止し，それに代わる文字を導入することと，日本語を標準語化に制定するという課題があった。筆者は，ここで次のようなことを述べたい。確かに，現在では，上記のような露骨な方言に対する蔑視はみられないが，それでは，現代社会において，本当に方言に対するマイナスイメージが払拭されているのかといえば，そうともいいきれないということである。やはり，現在でも，自己とは違う異質な存在を排除しようとする潜在意識が，人の心性のどこかで

働いているのではないだろうか。自らが話す言葉と他人の言葉（音韻，形態，文法のどのような言語要素でも構わない）が，標準語と異なっていれば，やはりどこか気恥ずかしく感じたことのある人もきっといることであろう。

前出した「行くべ」という言葉には，古語の「行くべし/ikubesi/」→「行くべき/ikubeki/（連用形）」（音素/k/の脱落）→「行くべい/ikubei/」（音素/i/の脱落）→「行くべ/ikube/」という音韻変化があったにすぎないが，「行くべ」という言葉を聞くと，何か古い垢抜けない言葉のように感じてしまうのはなぜだろうか。勿論，発想を変えてみると，このような言葉こそ，伝統ある日本の古語を残している由緒正しき言葉ともいえないこともない。しかし，人間の素朴な言語意識，とりわけ，ここでは方言に対するマイナスイメージというものは，かようなまでに，人の心の奥底にまで深く浸透しているものなのである。

では，今から百年ほど前，標準語と方言はどのように考えられていたのだろうか。現代の人が思っているほど，方言撲滅運動が政府主導で行われていたのであろうか。確かに，標準語化運動の急進派として知られる，伊沢修二（1851 - 1917）や神保格（1883 - 1965）などは，標準語化のために音声の統一運動に熱心に取り組んでいたが，他の言語学者たちの基本的な考えはどのようなものであったのだろうか。先にも挙げたように，当時の状況を知るためには，1900年に，上田万年を中心に創刊された言語学会の機関誌『言語学雑誌』（1900 - 1902）が，最も重要な資料となるであろう。筆者が，現在，最も関心をもっている言語学者として，今日の言語学界の礎を築いた藤岡勝二という人物がいる。国語学国文学研究室の担任となり，「国語」という概念を確立しようとした上田万年に代わり，実質的にこの雑誌の編集に当ったのは，藤岡であり，途中の欧州留学時を除けば，言文一致の問題について，様々な斬新な理論を提唱してい

る。彼の基本的な考えは，あくまで音声重視の姿勢であり，まず音声の統一を確立し，これに文体を合わせることを強調している。しかしながら，藤岡の考えにも矛盾がないわけではない。後述するが，彼自身は，音声の統一を実現することを望みながら，その一方で，決して方言を軽視し，撲滅しようとは考えてはいなかったのである。むしろ，学問上，きわめて貴重な言語資料であるとその存在を認めていたのである。しかし，彼の理想とすべき標準語，彼自身の言葉でいうと，「東京で教育のある人の言葉」を標準語として制定すれば，当然のことながら，方言が軽視され，やがて各地の方言が次第に滅びてゆくのは必定となるであろう。

　さらに，彼の基本的な理念でもある，文字よりも音声を重視する研究姿勢は，当然のことながら外国語教授法とも繋がる問題でもある。どのようにすれば音声が統一できるのか，また，理想の音声教授法とは何か，当時の藤岡は懸命にこの問題について模索していた。その後，1903（明治36）年，藤岡は，オックスフォードにおいて，著名な音声学者H. スイート（Henry Sweet 1845 - 1912）の謦咳に接することになる。同じ音声重視の彼の教授法の教えを直にうけ，藤岡が自らの理論の正当性に意を強くしたことは想像に難くない。ここで，ぜひ強調しておきたい点は，藤岡が，当時の言語学者たちの一般的な考えであった標準語の制定の必要性を認めながらも，その一方で，方言の研究資料としての存在意義を論じていたことである。

　以下に，『言語学雑誌』第2巻第5号「論説」の中の「言文一致論」を掲げることにする。

　…變則とか訛言とかいはれるものが其實なか〻尊ぶべきもので，それを研究の材料として行けば意外に面白い發見も出來るものであるからである。不規則として棄つべきものでないのである。

上記のような文章を読むと，藤岡自身，「言文一致」運動を標榜しながら，その実，実際の改良運動に最も適った方法とは何なのかという迷いが感じとれるのである。問題となるのは，音声と表記の点であるが，この時には，師上田万年の考えと同調し，「東京の教育のある人が用いる言葉」を標準語と制定することに異存はなかったようである。しかし，文字表記に関しては，藤岡自身が音声を重視する考えであったためか，できる限り音声を忠実に表記できる文字を想定したと考えられる。藤岡が，終生変わらず主張した文字にヘボン式ローマ字表記法がある。この文字表記法は，仮名のような音素が連続した文字ではなく，基本的に音素を忠実に反映することができることから，このヘボン式ローマ字が最適であると考えたのであろう。また，この文字なら，方言のような音声も比較的正確に表記することが可能である。

　その後の方言研究としては，民俗学者として知られた柳田国男（1875 - 1962）の「方言周圏論」がある。辺境ほど古語が残るのは，文化の中心地で流行った言葉がやがて地方へ波及し，そのまま残存するからである。文化の中心地では，人々の往来も激しく，様々な文化が次々と流入してくる。同様に，言葉に関しても，従来用いられていた言葉が，新奇なイメージをもつ言葉に次第に駆逐されるようになるのである。この学説以前にも，ヨーロッパでは，J. シュミット（Johannes Schmidt 1843 - 1901）が，Wave theory「波状理論」というきわめてよく似た理論を提唱している。

　方言，国家，社会，民族は複雑な問題を内包しており，社会言語学においても重要な問題であるため，本節だけで，簡単に述べることはできない。しかし，方言に対して罰札制度をはじめとする過酷な状況下にあった時代において，方言を貴重な言語資料と考えていた学者がいたことをわたしたちは決して忘れてはならないであろ

う。

5.3.5 国家と言葉

　先述したように,文字の本質とは,単に音声を表すという実用的な側面だけをもっているわけではない。時には,国家の象徴的存在ともなり得るし,呪術的要素も有している場合がある。文字は,本来,音声を媒介としないコミュニケーションの手段であるのだが,逆に互いにコミュニケーションができないからこそ意味がある場合もある。お経などがその類であり,元々は,古代インド語のサンスクリット語を漢訳した経典を日本語で読んでいるのであるが,文字の意味が分からないほど,何か有り難みを感じてしまうのは不思議な人の心性である[15]。ここでは,日本において国家と文字がどのような関係にあったのか概観してみることにしたい。国語に関する調査は,戦後は主に国語審議会がその役割を担ってきた。その経緯であるが,少し複雑になるが,述べておきたい。1902（明治35）年,文字表記と標準語化の問題を解決すべく,上田万年が主事となり国語調査委員会が発足する。これより以前に,加藤弘之が中心となり,国語調査委員が存在したが,正式な国語を調査する委員会としては,この会を嚆矢と考えてもさしつかえないだろう。その後の経過であるが,臨時国語調査会（1921）と名称を変更はしているが,国語を調査するという役割は変わらず連綿として続いてきた。ここでは,まず「国語」という言葉の変遷についてみていきたい。「国語」という用語の成立概念は,今日においても重要な問題を内包しているため,軽々しく論じられないが,その歴史的経緯だけは概観しておきたい。なお,現在の国立国語研究所の英文訳は,*The National Institute for Japanese Language*と変更されており,以前に用いられていた*The National Language Research Institute*とは異なった英語訳になっている。重要な変更点は,いうまでもなく,*The National*

Language という用語が消え，*Japanese Language* という用語が使用されていることである。この辺りの事情を鑑みても，現在の国語問題というものが，国家的な問題として関係付けられ，重要視されていることを窺うことができる。国語審議会では，学者，作家，マスコミ関係者など日頃言葉にかかわる職業に就いている人たちが参加し，現代の言葉遣いの実態や今後の国語教育施策の在り方について論議されている。勿論，学問という枠を超え，異色な審議委員として，これまでシンガーソングライターの中島みゆき（1952 -）や歌人の俵万智（1962 -）なども加わっていたことがある。数多くの人々を魅了する詞，そのような研ぎ澄まされた感性をもつ人たちの意見を傾聴する意図もあったのだろう。ただし，この国語審議会は，2000年に第22回国語審議会をもって廃止されている。最後の会議には，多くの学識経験者とともに，上述した中島みゆきも参加している。現在では，国語審議会は，2001年に，文化審議会の中に統合され，文化庁国語分科会として，今後の国語の在り方について議論している。

次に「国語」という用語の変遷についてみていきたい。

5.3.5.1 「邦語」から「国語」へ

有名な神田孝平（1830 - 1898）の論文の中には，「邦語ヲ以テ教授スル大学校ヲ設置スベキ説」『東京学士会院雑誌』（1879）という文章が掲載されている。上記の論文から分かるように，当時，一般的に知られていた言葉は「邦語」であった。本格的に「国語」という言葉が採用されるのは，1894（明治27）年，帝国大学教授に任命され，博言学講座を担当した上田万年と考えて良いであろう。当時，上田は，若干27歳の，まさに新進気鋭の学者であり，後に，加藤弘之の推薦もあり，日本の「国語」という概念の成立のために尽力することになる。今からみると，若過ぎるほどの年齢ではあるが，

日本人の日本語による学問の教授法を急いでいた政府としては，ベルリン大学，ライプチッヒ大学で，青年文法学派の学者たちの謦咳に接し，最新の近代言語学の理論を学んだ上田に全権を託したのであろう。その後，上田は，「国語と国家と」「国語研究に就きて」などの講演をし，終に1897（明治30）年には，東京帝国大学文科大学に「国語研究室」を設立することになる。「国語」という理念の創設に尽力する上田は，一方で，言語学の重要性も感じ，「国語研究室」において研究を進めるかたわら，1898（明治31）年に「言語学会」を創立する。設立当初のメンバーには，上田を中心として，フローレンツ，藤岡勝二，新村出，八杉貞利，保科孝一など，後の各分野で碩学となるべき学徒が揃っていた。特に，保科は1897（明治30）年，東京帝国大学卒業と同時に，国語研究室の助手に採用されていることから，まさに「国語」という教科目の創設のために，上田と行動をともにすることになるのである。一方，上田は，後に言語学講座を藤岡勝二に譲り，国語研究室に専念するようになる。

　上田，保科に関しては，近年，様々な角度から研究が進んでおり，ここでは詳しく述べることは避けるが，「国語」という理念の確立のために，両者が大変な尽力をなしたことは間違いないであろう。これ以降，国語国字問題に関する研究が政府主導で行われることになる。また，上田自身も文部省専門学務局長に就任することになる。帝国教育内には，「国字改良部」が設けられ，その部長として，先に挙げた前島密，『言海』の大槻文彦，「くにぐに　の　なまり　ことば　に　つきて」という論著がある東京文理科大学学長三宅米吉（1860－1929），さらに東洋学者那珂通世も加わっている。

　その後，同じく東洋学者である白鳥庫吉は，日本語系統論の論文を次々と発表していく。彼の主に関心のあった言語はアルタイ諸語であるが，東洋学でも優れた論考を残しながら，その一方で言語学

の分野でも，那珂と同様に，当時の比較言語学の影響もあったのだろうか，系統論に関する論文を数多く残している。なお，那珂，白鳥も東洋学界の間では，かなり著名な存在ではあるが，東洋学の研究者の中で，彼らが言語学にも習熟していたことを知る人はどれほどいることであろうか。おそらく，当時の東洋学の研究フィールドは，主にアルタイ諸語が話されている地域であり，モンゴル語，チュルク語，満州語，などの言語も習得する必要があったのであろう。このような諸言語の学習を通して，彼らが日本語系統論，すなわち日本語とアルタイ諸語の類縁性に関心をもち，その系譜的研究を解明しようと試みた可能性は充分考えられる。

ところで，すでに何度も取り上げた言語学者藤岡勝二のことであるが，上述のごとく，上田から言語学講座を任された後は，実質的にその後の言語学界をリードし，後進の指導にも熱心に取り組んでいた。上田万年と藤岡勝二は，確かに師弟関係にはあったが，筆者の管見の及ぶ限りでは，藤岡が言文一致の理論以外に，上田から直接的な思想的影響を受けたとは考え難いのである。むしろ，アルタイ諸語の文献学的研究や系統論に関しては，東洋学者白鳥庫吉の強い影響が感じられるのである。上田と藤岡の両者も，当時最先端の言語学の研究が行われていたドイツへの留学を果している。また，藤岡は，ドイツだけではなく，オックスフォードにおいて，H. スウィートとも出会い，さらにハンガリーにも赴いている。この時の藤岡自身の回想には，ハンガリーの言語学者との交流の中で，白鳥庫吉のことが語られている箇所がみられる。以下は，「日本語の位置」の中の文章である。

丁度其以前に白鳥庫吉博士が匈牙利（ハンガリー）に居られたことがあるので，段々白鳥さんの話などから続いて来て万事極めて心易く歓迎して呉れました。

このような文章を読むと，すでにウラル語族に属するハンガリーに留学を果していた白鳥庫吉に対して，藤岡がいかに畏敬の念を抱いていたか窺知できるのである。また，その証左として，この経験を通して，藤岡はこの後，すでに述べた日本語系統論の嚆矢ともいえる「日本語の位置」(1908，『国学院雑誌』所収) という論文を執筆することになるのである。また，白鳥も，日本語を朝鮮語やアイヌ語など様々な言語との比較を通して，系統論を解明しようとする論文を多数残している。上田には，青年文法学派たちとの交流があり，比較言語学に関する知識があったはずであるが，不思議なことに本格的な系統論に関する論文はない。ここが，上田と藤岡の言語観の違いであり，袂を分かつことになった原因であろう。藤岡はその後，言語学，特にアルタイ諸語の文献学的研究，系統論の研究に没頭していくことになるが，先述したように，国語国字問題，すなわち，ともにヘボン式ローマ字表記法を支持した点においてのみ，両者の思想の接点を見出すことができるのである。

5.3.5.2 「国語」の定着と国語教育へ

当時の文部省は，数々の反対意見がありながらも，変体仮名の廃止，長音符「－」を採用，漢字節減を推進しようとしていった。そして，ついに，藤岡勝二を中心として『明治38年假名遣改定案ニ對スル世論報告』を刊行するまでに至るのである。しかしながら，臨時假名遣調査委員会の反対意見は根強く，とりわけ文豪森鷗外 (1862－1922) の反対論の影響は大きかった。森は，軍医総監陸軍省医務局長という要職にも就き，国語国字問題にも関心を抱き，国字問題にも積極的に発言をしている。同時代の文豪である夏目漱石 (1867－1916) とは，まさに対極的な思想をもっていたといえよう。漱石は，文学博士号さえも辞し，当時としては，異例ともいえる東京帝国大学英文科講師から作家に転進している。常に国家とは対峙

する存在であった漱石に対して，国語国字問題に関して自身の意見を述べた，軍医森鷗外とは対照的な思想を有していたといえよう。

なお，ここで国語国字問題において，特筆すべきことを述べておきたい。1910（明治43）年，田丸卓郎の実弟田丸睦郎が，東京の尋常小学生ですでに日本式ローマ字を教えていたことである。これが，おそらくは，日本ではじめてのローマ字教育ではないかと考えられる。

では，次に「国語」という科目が，どのようにわたしたちの教科目に浸透していったのか，具体的にみていくことにしたい。1900（明治33）年，「小学校令改正」によって，「国語」という科目が，正式に小学校の科目に取り入れられる。現在，国語学会（2002年国語学会春季大会シンポジウム）では，学会の名称をめぐって，かなり熱心な議論が繰り広げられている。つまり，時代の趨勢を鑑みて，「国語学会」を「日本語学会」に変更すべきか，別の新しい名称を用いるのか，現状のままの「国語学会」にしておくのか，など名称変更に関する議論は尽きない。これほどまで，「国語」という用語について，議論された時代はなかったのではないだろうか。また，学会内の議論とは別に，新設大学，新設学科には，日本語・日本文学科などの名称が次第に増えているのは周知の事実である。さらに，従来の国語・国文学科が科名変更を余儀なくされ，日本語・日本文学科に変更することもある。わたしたちが，「国語」という名称にこだわるのは，単純にいえば，義務教育からの「国語」「算数」「理科」「社会」という教科目にあまりにもなじんでしまっているからに他ならない。現在は，学会レベルの話ではあるが，今はこの科名変更の是非は別にして，もし，小学校の科目の「国語」が，「日本語」という名称に変更になれば，戸惑いを感じる人も少なからずいることであろう。単なる感情の枠を超えた理由がないとすれば，この「国語」という名称も，現代の国際化，情報化社会においては，

やがて「日本語」という科目へと変化の道を辿ることになるかもしれない。

しかし，やはり，この名称変化には，単に国際化による外国人留学生による問題だけではなさそうである。すでに，数多くの研究者によって指摘されていることであるが，現在の日本語研究者が，この名称変更に拘泥しているのは，「国語」という言葉は，どうしても「国（家）語」というイメージを抱きやすく，国家と言語の紐帯という負の遺産を担っていることになるということである。また，「日本国語」の日本が省かれ，「国語」となったと説く人もいるかもしれない。

かつて，「国史学」という科目が次々と「日本史学」という名に科名変更したのと酷似しているが，筆者は，様々な意味で，この両者を比較すべきではないと考えている。言葉というものは，例えば，それが，日本語である場合には，日本語の母語話者にとっては（ここでは，文字の習得を除く），自然と言葉を習得していったはずである。言語習得に対して，とりわけ苦労した経験をもった人はまずいないはずである。そのような言葉について，日本語を母語話者とする人が，特別に学ぶ必要があるのだろうか，という素朴な疑問が浮かぶのである。勿論，大学の専門レベルの文法研究においては，母語を内省し，日本語の文法を記述する必要がある。しかし，小学校から「国語」という科目を意識的に学び，「国語」という科目は，あくまで学問的範疇に含まれるイメージがあるが，「日本語」というと，あくまで自らの「母語」であり，無意識に覚えたと考えている人も多いことであろう。先述した，歴史学は，意識的に知識として学ばなければならないが，日本語を母語話者とする人にとっては，日本語はあくまで空気のような存在であり，意識的に学んだ（実際には，チョムスキーのいうように「言語獲得装置」が働いているのかもしれないが）という経験がないはずである。この点において，

言葉という問題は，他の学問分野とは，同一に考えることがきわめて難しい問題といわざるを得ない。

現代社会は，国際化，情報化時代を迎え，数多くの留学生が日本語を学び，ソフト・ハードの両面において日本語教育の充実が求められている。また，名称の問題であるが，もし「国語」という名称をなくし，「日本語」に統一すれば，日本語母語話者を教育する「国語教育」と，母語が日本語ではない外国人留学生に日本語を教える「日本語教育」との区別をどのようにすればよいのか，問題の種は尽きない。「国語」が成立する過程には，様々な歴史があり，藤岡自身も『国語研究法』（1907）という著を上梓し，積極的に「国語」という用語を定着させようとしている。しかし，先述した1908年の「日本語の位置」では，次のような表現も使われている。

……，是非其此は・本・邦・学・者の任務と心得て，かからねばなりませぬ。（傍点は筆者が付けたものである。）

本来なら傍点の箇所は，「国語学者」と書くべきであろうが，あえて「本邦学者」となっている。現在でも，映画の初上映のさいに，本邦初公開などという言葉が使われたりするが，このようなテキストで用いられることはまずない。

ここでは，先述した藤岡の「日本語の位置」（1908）で，「国語」という言葉をどれほど用いているのか，他の言葉と比較して考察してみた。勿論，題自体に「日本語」という言葉が用いられているため，あえて「国語」という言葉は避けたことは考えられるが，以下にその頻度数と特徴を検証してみることにする。

国語　　　6例（我が国語の用例が2例　内1例はハンガリー語の例）

日本語　　34例
我々の語　　1例
我等の語　　1例

以上のように,「日本語」という言葉に対して,「国語」という言葉が, 未だ一般の人のみならず, 専門家の間でも根づいていなかったことを窺わせる。

「国語」以外にも, 上記の例にかかわる「本邦語」「邦語」, これ以外にも,「国民語」「御国語」(みくにことば) などの用語も用いられていた。上田の「国語と国家と」に代表される「国語」という用語は, 上田自身が東京帝国大学において国語研究室を設置し, 保科孝一とともに「国語」という言葉の概念の定着に尽力することによって次第に一般の人にも浸透するようになったのであろう[16]。

以上のような現状を鑑みると, 今後も「国語」という名称についての論議は尽きない話題となるであろうし, この用語の是非については, 国家, 社会, 民族, というまさに社会言語学において重要な問題が内包されていると考えられるのである。

5.3.5.3　博言学から言語学へ

現在では, 専門の言語学者以外は, その名称さえも忘れられている言葉に,「博言学」という学問分野がある。言語学の黎明期に,「お雇い外国人教師」として来日したB. H. チェンバレンが, 東京帝国大学で後進の指導の育成に努めていた頃は, まだこの言語分野の名称は「博言学」と呼ばれ, 1900 (明治33) 年に, 言語学科に改称されるまでは, この名称が用いられてきた。当初は, 上田万年が言語学講座の担任であったが, 後に, 藤岡勝二に言語学講座を譲り, 自らは国語学国文学講座の担任に専念するわけであるが, 先述したように,「国語」という言葉を定着させたのは, やはり上田万年と

その弟子保科孝一による尽力があったからであろう。「国語」という言葉の前に，すでに「日本語」という言葉があったことはすでに知られているが，ある言葉が定着するには，どうしてもそれを推し進める人がいなければならない。国語の名称の是非はともかく，「国語」という言葉が定着したのは，上田，保科の両人の功績が大きかったことは否めないであろう。

では，「言語学」という名称はどうであろうか。筆者は，「言語学」という言葉を学問分野の名称として知らしめ，本格的な言語研究を始めたのは，藤岡勝二であったと考えている。一般的には，藤岡の名前は，それほど知られてはいないが，多くの言語学者を輩出し，アルタイ諸語の研究の礎を築いた功績には目を見張るものがある。彼が逝去した後出版された『藤岡博士功績記念言語學論文集』(1935) には，有坂秀世，小倉進平 (1882-1944)，金田一京助，橋本進吉，服部四郎，など，実に24名のあらゆる言語分野の碩学たちが寄稿している。なお，この時の編集は小倉進平が担当している。この中には，藤岡を中心に33年前に発行された『言語学雑誌』では，まだ若き学徒にすぎなかった八杉貞利も参加している。当時は，フランツ・ボップの生涯と業績を寄稿していたロシア語学者の泰斗，八杉は，この論文集では全文ロシア語の論文を執筆している。

6. 心と言葉の関係について

　前述したように，ソシュールの『一般言語学講義』には，次のような言葉が述べられている。「およそ言語において心的でないものは何もない」と。ソシュールの言をみれば分かるように，彼は明らかに人間の心という存在を認めていた。しかし，その影響を受けた構造主義言語学においては，アプリオリズムは完全に排除され，ただ眼前の音だけを頼りに，言語の記述に没入し，言語コーパスを集めることだけに終始することになったのである。一方，生成文法においては，人間には元々 LAD という言葉を習得する装置が組み込まれており，あらためて心という存在と対峙する必要もなくなったわけである。次に誕生する社会言語学は，ミクロ，マクロを問わず，言葉と人間との関係を捉えた言語分野であるが，心の問題に関しては明確な方向性は明示されていない。また，膨大なデータを駆使した社会言語学的研究の成果をみると，個々人の心の内奥まで捉えきれているとはいい難い。その反動であろうか，現在では，「認知言語学」（cognitive linguistics）という，まさに人間の心の問題と深くかかわる言語分野が認められ，多くの研究者が，スクリプト（script）やスキーマ（schema）といった専門用語を駆使し，人間の外界に対する認知の仕方を研究している。勿論，既述したように，社会言語学の分野においても，少しでも自らの階層を上げようとしたために，言語話者が過剰修正（hypercorrection）を起こす現象は，少なからず話者の言語意識ともかかわり合いをもっているといえよう。

6.1 恥の概念と言葉

『菊と刀』(1946),『甘えの構造』(1971) などの日本文化論の名著と呼ばれる書を紐解くと,そこには「恥の文化」をキーワードとして見出すことができる。先述した「ハ行転呼音」の原因も,唇を使う音が卑しい音であるという意識が,次第に日本語を母語とする言語共同体の心の中で働いたからだと考えられる。江戸時代の国学者黒沢翁満が「これ(ハ行音の唇音)は最もいやしき音にて,今の世と言へどもすこし心ある人は常の詞にすら使ふこと稀なり」と喝破したように,現在のハ行音よりも,当時は上下の唇をかなり接近させて発音していたと考えられる[17]。今でも,その証拠に,「フ」の発音だけが,ローソクを吹き消すがごとく,唇がかなり接近している。また,関西地方では,「ウ」の音も円唇化していることが指摘されている。この,ハ行音の音韻変化は,[P] > [Φ] > [h] という変遷を辿るのであるが,現在の [h] のような喉頭音に変化したのも,唇を使う音に何らかの負の言語意識が働いたからであろう。

恥を重んじる日本人の心性は,何も武士の時代だけではない。赤穂浪士が今でも現代人の心を捉えるのはなぜだろうか。ここでも,恥という言葉がキーワードになっている。恥辱をうけ,切腹した主君に代わって,四十七士が亡き殿の仇討ちを果たす物語であるが,当時は,仮名文字47文字に倣って,『仮名手本忠臣蔵』として上演され,好評を博したが,現在においても,代表的な歌舞伎の演目の一つとなっている。

勿論,日本語には,全く反対のことわざ「旅の恥はかきすて」という言葉があるが,これは知らない場所や面識のない人がいる場のことである。そこでは,言語話者にとって眼前の人は存在しないも同然と考えられている。

上記に挙げた日本文化論では，日本の礼法も日本人の「恥」と名を重んじる「義理」との関係で説明がされている。例えば，ベネディクトは，『菊と刀』の第8章「汚名をすすぐ」において，次のようなことを述べている。

　恥をひき起こし，名に対する「義理」が問題となるような事態を避けるために，あらゆる種類の礼法が組み立てられている。

　現在でも，「恥」という言葉が，人間とどれほどのかかわりをもっているかは，最近，出版された本を例に出してみるとすぐに気づくことであろう。
　以下は，2002年の8月及び9月に出版された本の題名である。

　　『「間違いやすい日本語」の本 ― 恥をかかないための言葉の知
　　　識 ―』　日本博学倶楽部　ＰＨＰ研究所
　　『常識として間違うと恥をかく漢字』現代総合研修センター　ロ
　　　ングセラーズ
　　『常識として知らないと恥をかく漢字』現代漢字研修センター
　　　ロングセラーズ
　　『常識として知らないと恥をかく日本語』神辺四郎　ロングセラ
　　　ーズ
　　『「日本語」で恥をかく前に読む本』大島清（監修）日本雑学能
　　　力協会（編）　新講社

　また，題名ではないが，章の中にも「恥」という言葉がでてくる著書も出版されている。

　　『使ってはいけない日本語』　宇野義方（監修）　日本語倶楽部

(著)河出書房新社　第6章　うっかり誤用の言い回しで大恥をかく日本語

わずか一月余りの間に,恥に関する著書が実に数多く出版されていることが分かる。日本語話者にとって,敬語表現をはじめ,洗練された日本語とは,自らの内面を磨くためというよりも,いかに恥をかかない言葉遣いをすべきかということに関心があるように思える。日本人の内奥には,常に他人の前で「恥をかいてはいけない」という強迫観念がみられ,実際の行動様式にも影響を与えているのではないだろうか。

6.2　言葉と攻撃心

言語学者柴田武(1918 -)は『日本語はおもしろい』(1995)の中で,次のような興味深い調査結果を述べている。もし,方言調査として「一糸もまとわない状況のことを何と言いますか」と尋ねられた時,どのように答えるかということである。この件に関して,柴田は,次のようなことを述べている。少し長い文になるが,引用してみることにする。

ことばはコミュニケーションの手段だから,それが変化しては安心できないという気持がだれにでもある。ことばの変化に革命がないのはそのためである。だから,「ゆれている」ことは,ちょっと困ったこととして,よくとりあげられる。とりあげる人々には,どれか一つにしてほしいもんだという願いがこめられているかに見える。

しかし,ことばは変化する。安定を求めながら,一方で異端を試みる人間の気持を反映して変化が起こる。「ゆれている」のは,そ

の変化を反映したものである。

　変化とは，A→Bという単純な時間的な線上の変化だけではなく，わたくしにおけるマッパダカとスッパダカのように，いわば言語接触を引き起こした「ゆれ」もある。どちらかに収束するという気配は，わたくしのなかにも感じられない。あるときにはマッパダカといい，あるときにはスッパダカということが続くだろうということである。

　筆者は，上記の文の「安定を求めながら，一方で異端を試みる人間の気持を反映して変化が起こる」という一文に強くひかれるところがあった。アンビバレントな気持ちの揺れが，言葉にも大いに影響を与えるということである。これは，規範を求める人間の心と安定した状態から脱したいという，相矛盾した人の心性が，そのまま言葉に反映されているということである。

　「喜怒哀楽」という言葉通りに，どれほど温厚な人にも，攻撃性がどこかに潜んでいるはずである。筆者自身は，心理学の専門家ではないから，詳らかなことは説明できないが，若者が新造語を創出する過程には，若者は他の世代に比べ，強い攻撃的なエネルギーを自らの心性の中に，内在化しているからではないだろうか。規範を好まず，時に破壊的な衝動に駆られる若者のエネルギーこそが，現実の規範的な言葉を変えようとしていくのではないかということである。言語変化の牽引役となるのは，いつの時代も若者であることを考えると，一方では安定を望みながらも，その一方で，強い攻撃心を内在化している若者の心性が，言葉にも影響を与え，若者文化の根底に存在していると思われるのである。規範という枠からはみでようとする若者たちに，大人たちは時に戸惑いを感じることがある。このような現象は，いつの世も変わらないことであろう。

　言葉は社会を映しだす鏡であるともいえるが，言葉の規範から逸

脱しようとする若者の行動を，わたしたちはどのように考えればよいのだろうか。

このような若者の心性は，若者言葉とも大いに関係があると考えられる。先述したように，若者が言語変化の牽引役であり，常に新造語を創出していくのは，若者が本来内在化している攻撃心と大いにかかわりがあるといえよう。では，わたしたちは，規範というものを，どのように捉えればよいのか。次節では，この規範意識について，言葉の観点から考察してみたい。

6.3 規範と言葉の関係

6.3.1 固有名詞のゆれ

まず，固有名詞のゆれについて考えてみたい。

筆者が，まだ学生の頃，アメリカの大統領選挙の模様が報道されているのを見たことがある。その頃，当時の大統領候補の呼び方が「リーガン」から，いつのまにか，「レーガン」に変わっていたことを今でも覚えている。外国人の固有名詞だからといって，必ずしも見過ごしてよいとはいえないであろう。他の例では，「ローマの休日」で有名な女優オードリー・ヘップバーンの綴りである。正確な綴りは，Hepburnであるが，同じ名前の有名人には，先に挙げたヘボン式ローマ字を使用したJ.C.ヘボンがいる。勿論，綴りは全く同じである。一方は，文字を重視しヘップバーンとなり，一方は，音を優先しヘボンとなったのである。オードリー・ヘップバーンで慣れているものとしては，音を重視しようとしてヘボンに変えられると，どうしても違和感を抱いてしまう。ちなみに，この女優が主演した「マイフェアレディー」は，音声学者のヒギンズ博士が，花売り娘であった女性に上流階級が話す言葉を教えこむために，徹底的に発音を矯正し，終にその女性が上流階級への仲間入りを果してい

くというストーリーであるが，階層の違いが言葉を生み出すのではなく，言葉の違いが階層を生み出すことを描きだした優れた作品として，時に言語学の授業でも取り上げられることがある。音の美醜と階層の関係を映像という媒体を通して描きだした名作であるにもかかわらず，日本で上映された時には，やはり文字重視でなじみがあるヘップバーンという名前が用いられていた。固有名詞というものは，一旦定着すると，変化させることがいかに難しいことが分かる好個の例ともいえよう。また，よく知られた川柳に「ギョーテとは俺のことかとゲーテ言い」という歌がある。これは，ドイツの著名な作家であり，詩人であったJ. W. v. ゲーテ（Johann Wolfgang von Goethe 1749 – 1832）の名前が，当時は日本語には存在しない音価があったため，実際の音価をできるだけ反映した読み方である「ギョーテ」（こうして読むと，円唇化し実際のドイツ語の発音に近くなる）が好まれたが，調音労働の経済性の原則通りに，やがて日本語で発音し易い「ゲーテ」に変化し定着していったのであった。

では，学術用語も音通りかというとそうでもない。パロール（parole）は，実際にはパロルの方が原音に近いと考えられる。しかし，近代言語学の祖ソシュールが使った専門用語であり，言語学者の間ですでに定着して用いられている言葉であるため，今後，この専門用語がパロルに変化することはまずあり得ないであろう。このような用語も，一旦定着し，言語学用語辞典などに掲載されるようなことになると，変化することはまずあり得ない。筆者自身の考えは，基本的には固有名詞の場合には，日本語読みではなく，日本語の音韻構造に近い読み方がない場合でも，できる限り相手の国の音に近い読み方にしたほうが良いと考えている。

さらに重要な点は，わたしたちは，言葉の意味や読みが分からない時，規範を求めたいがために，しばしば「辞書」を用いることがある。辞書というある種，権威をもったものに，自らが探している

言葉が掲載されていると，何かしら安心してしまうのは規範というものに，依存しているからに他ならない。昔は単なる流行り言葉にすぎなかった語彙も，辞書に記載されると，一瞬にして規範という枠の中に組み込まれてしまう。「方言周圏論」で述べられているように，京の都の単なる流行り言葉も，同心円状に広がりをみせ，やがて離れた辺境の地でも用いられるようになる。そのような言葉が，一般の人々の間に定着し，有名な辞書などに掲載されるようになると，規範的な正しい言葉となり，権威を帯びてしまうことになるのである。

言語学者コセリウも，次のようなことを述べている。

誰しも，ひとりで気ままに姿を変える文法とか，かってに自分のおもわくで厚くなっていく辞書などというものを見たことはない。だから，いわゆる「外的要因」に圧されてもびくともしない言語とは，文法と辞書の中にしばりつけられた抽象言語だけである。

辞書とは，言葉を用いる人がいる限り変化していくものである。今回発刊された，日頃，筆者自身も使用している「岩波国語辞典第六版」にも，IT時代を反映してか，情報化社会にかかわる語彙が多数取り入れられている。

6.3.2 規範的な言葉とは何か

では，もう一つ身近な話題から，規範と言葉の関係について考えてみたい。普段，学生の作文やレポートを添削する機会が多いためか，どのような表現をすれば，洗練された文章を書くことができるのか，迷うことがたびたびある。そのような時，日本語表現に関する本を参考にしても，その著者によって，必ずしも正しい表現方法が一致しないような事例が何度もみられた。教える側も学生側も戸

惑うところではあるが，筆者の経験では，日本語の文章作法に関するハウツー本には，統一した項目があまりみられないように感じられる。作家という職業は，自らの作品において独創性が重んじられるためか，日常性や規範から逸脱することによって，自らの文学を構築するかのような印象をうけるが，実際には，著名な作家谷崎潤一郎（1886 - 1965）や三島由紀夫も『文章読本』という，いわゆる文章のマニュアル本を書いている。

いくつか印象的な言葉を挙げると次のような文がみられた。

音読の習慣がすたれかけた今日においても，全然声と云うものを想像しないで読むことは出来ない。
文法的に正確なのが，必ずしも名文ではない，だから，文法に囚われるな。（谷崎潤一郎）

ここで，谷崎は，声の重要性と文法の規範の問題について論じているが，文字と音の関係については，既述したように，今日においても重要な問題を内包している。また，文法の問題は，規範の問題とも大いに関係している。文の規範にとらわれると，かえって自由な発想を失ってしまうのは，自明の理である。

では，先ほどの話に戻るが，最近の書店には，「作文の書き方」「論文の書き方」などのハウツー本が，所狭しと並んでいるのを目にする。筆者の考えでは，拙いながらも，文章とは自分の言葉で書いてこそ意味があると考えているが，実のところ，筆者自身も，果してこれで上手く表現できたのか，と危惧することがある。文章を書く人なら誰しも経験があるかと思うが，このような場合，自分の文が正しいのかどうか確かめる術があると助かるのに，と考えたりすることだろう。言葉の意味は，このような場合，辞書を引くと，ある程度の助けにはなるが，文章表現はそう簡単にはいかない。最

近のパソコンの普及が、より一層漢字や文章表現能力の必要性を求めるようになったのであろう。筆者は、一度、就職用のマニュアル本をかなり読んでみたが、その書き方の方針が必ずしも一定していないことに改めて驚いた。原稿用紙の書き方に関していえば、例えば、一行目のマス目の空け方から、各書によって異なっているのである。これでは、読んでいる学生も迷うはずである。筆者自身は、就職前の学生に指導する際には、できるかぎり平均的な書き方を教えているが、果してこれでいいのか迷うことがある。

ここでは原稿用紙の用い方に限ることにするが、どのマニュアル本にもほぼ共通していた事項を列挙すると、次のようになる。

1．句読点は、文頭にくることはない。
2．本文中にでる書名は二重括弧『　　』を用いる。
3．縦書きの場合は、漢数字を用いる。
4．名前は、姓と名との間は、1マスあけ、最後の1マスだけ残すことにする。

特に、各書によって、異なっていた特徴は次のごとくである。

①　最初の行のマス目は、（　　）マスあける（筆者のみた限りでは、3マスが多かったが、2マス、1マスもみられた）。
②　本文は、1行あけてから書く（字数の短い文章の場合は特にこだわらない場合もあった）。

文書実務のように実務的能力を問われる文は一種の言葉のマナーであるから覚えなければならないが、それ以外の就職試験などに出される作文（たいていは、1時間で800字程度の作文が課せられる）では、まず規範にとらわれず書くことに慣れることのほうが肝要だ

と思う。規範というものは，常に変わるものである。大野晋の『日本語練習帳』(1999) が，比較的難解な本であるにもかかわらずベストセラーになった理由も，マニュアル本には答えがあるが，文章表現には答えがないからである。無論，誤字，脱字や，明らかに文脈が誤記であると考えられる文もあるが，文章の構成力などは，作者の個性が反映されているに違いない。作家の文章などより，新聞のコラムや新聞の投書欄を写すほうが，よっぽど書くことに役立つのは，作家には独特の文体がすでに確立されているからである。実際に，作家や評論家が自身の書いた文章の入試問題を間違えることがあるぐらいである。これは，作家自身の問題ではなく，筆者も受験の頃，そうした問題集をみたが，やはり一種，受験のためのテクニックというものを教えこむための本という印象をうけた。塾や予備校などは，文章を味わうというより，解答作成のためのテクニックを磨かせる場所と考えた方がよいのかもしれない。

　では，文章の書き方ではどうだろうか。手紙文の書き方や文章の作法を知りたいと思うのは，洗練された文章表現を学ぼうとする意欲よりむしろ，何か文章の規範から逸脱した文章を書いて，恥をかくのではないかという意識が働いているからだと筆者は考えている。確かに，文章を書く場合には，何らかの規範が確立していれば，書き手と聞き手との互いのコードが逸脱しても，すぐにそれに気づくことができる。しかし，その代償として，書き手の自由な発想を貧弱にしてしまう怖れがあることも忘れてはならない。コードから逸脱することに意味がある詩人なら当然だが，一般の人が文章を書く場合にも，あまり規範にとらわれることなく，自由な発想で書いたほうが良い。勿論，先ほど述べたように，その文章が，誰が，誰に対して発信したのかが問題になるのはいうまでもない。ある場合には，実務的文書のほうが適切なときもあるし，また，規範にとらわれない自由な発想で書いた文章であるほうが好ましい場合もあろ

う。

　さらに，ここでは，辞書について考えてみたい。言葉とは，本来全く同じ意味と用法をもつことはないはずである。しかし，時にAという言葉の意味を指すBという言葉を調べてみると，Aという意味であったりする場合がある。辞書という性質上，ある言葉の様々な用法を全て網羅することは不可能である。また，全く同じ意味と用法をもつ言葉は一つとして存在しないのであるから，ある言葉を表現する際に，時には最も近い意味の別の言語表現が用いられることもあるだろう。しかし，全く同じでないにしても，Aという言葉をBという言葉で表現しても，コミュニケーションにそれほど支障がないとすれば，意味が微妙にずれていても，聞き手は話者の言葉の意味をあまり考慮することなくコミュニケーションを続けることであろう。しかし，時には，このような厳密にいえば誤用表現も，次第にある言語体系の中で定着するようになると，やがては，正しい表現として容認されることもあり得るのである。言葉の規範というものは，こうして時代とともに変化していく。それが，言葉の本質である。元から規範的であった言葉はなく，言葉の規範は，それを用いる人間が作り出したものである。また，その言語変化の最大の要因として，筆者は，「言語意識」を挙げたいと思う。

　言葉を伝言ゲームに例える場合があるが，この言い方にならってジェスチャーゲームの例を考えてみたい。最初の人のジェスチャーと，最後の人のジェスチャーとが，必ずしも全く同じ動作でなくとも，大体のところが合っていれば正解になるだろう。言葉というものは，常に揺れ動く心性をもっている人間が互いに使用するものであるから，このような微妙な言葉の違いが言葉の意味変化の原因となっているのかもしれない。見方によれば，聞き手の受けそこないととれなくはないが，このような微妙なずれが，言語変化の一因となっていることは間違いないであろう。

6.4 言語史において「こころ」とは何であったのか
　　－日本文化との関係において－

　ソシュール以降，構造主義，あるいは，記述言語学においては，言語学とは，人間不在の言葉が言語の研究対象であった。理論的に言語学を研究しようとすれば，言語の本質である言語変化という現象を捨象しなければならなかったのである。そこには，個人の心の存在などは，取り上げられることはなく，そのように言語対象が揺れていては研究の妨げになると考えられていた。しかしながら，ソシュール自身は，「およそ言語において心的でないものは何もない」と述べているとおりに，言語と心の関係を認めていたのである。比較言語学に代表される人間不在の「自律的変化」から脱し，言語とは常に「言語変化」がともない，そこには，必ず互いに言葉を交し合う人間が存在しているという自明なことを忘れてはならないであろう。写真そのものは変わらないとしても，写したその瞬間から現実の時間は流れ，その人自身の外面も内面も変化しているのである。言葉は生き物であるから変化する，といわれることがあるが，それはあくまで人間が言語を用いているからであり，人間が言葉を話さなくなった瞬間，言語は変化する機能を果さなくなる。言語とは，その言葉を有してきた歴史を担っているものであるし，今後も変化する要素を常に内在させているものなのである。

　留意すべきことは，言葉を変化させる要因は，あらかじめ決まっている法則ではなく，人間の意志に委ねられているということである。特に，筆者は，言語変化を誘引する最大の原因は，「調音労働の経済性」という内的要因ではなく，話者の「言語意識」であるとみている。自己という存在が他者からどのように見られているのか，恥の文化という日本文化論で用いられている概念とも通じ合う部分

が多いのではないだろうか。日本文化を論じた名著として有名な著作に，先に挙げたルース・ベネディクトの『菊と刀』がある。ベネディクト自身，当初，対戦国となる日本人の性向を調査する目的で研究を始めたのであったが，次第に日本文化論に展開した学説となったのである。この学説にある「恥」の概念とは，あくまで「義理」との対比の上で考察されたものであり，「義理が立たねば恥になる」という日本人の国民性を象徴している。したがって，先述したような，言葉遣いにおける言語表現による恥とは画然とした説であることには注意しなければならない。ベネディクト自身は，アメリカを代表する文化人類学者であり，これほど有名な日本文化論の著書を上梓しながら，一度も日本を訪れたことがない。人類学の最も重要な研究方法であるフィールドワークをせず，これほど優れた日本文化論を執筆できたベネディクトの洞察力には驚嘆に値するものがあろう。一方，日本では，日本文化論の名著として，土居健郎の『甘えの構造』(1971) がある。この著では，「恥」というキーワードは用いられてはいないものの，日本人の性向が実に詳しく論じられている。また，重要な点は，著者自身は，「甘え」という概念を日本人の誤った性向であるとは認識していないことである。「甘えはよくない」とは，よくいわれることであるが，むしろ日本人の生き方そのものに「甘え」というものが内包されており，問題なのは，成人しても自らの「甘え」に気づかないことに原因があることを指摘しているのであり，「甘え」そのものの是非については特に問題にしているわけではないのである。なお，著者は，三十年後に，続編としての『続「甘え」の構造』(2001) を出版している。他にも，日本人論，あるいは日本文化論として，様々な論著を上梓しているが，筆者が最も強く引かれたのは，『表と裏』(1985) である。特に，言語と文化と思考の関係を考える上で，最も重要な学説である「サピア・ウォーフの仮説」までも取り上げられ，精神科医でありなが

ら，著者の言葉に対する強い関心を窺うことができるのである。この仮説には，言語は思考や文化まで規定することがあるということが説かれている。先述したように，ラテン語の「白い」という語は，元々は，つやがあるかないかで分岐されていたが，時代が経つにつれ，一つの言葉に収束されるようになっている。日本の場合では，通時的観点からみると，「記紀万葉」の時代と現代の言葉を比較した場合，用いられている言葉（例えば，色彩名称）は同じだったとしても，分節の仕方が違えば，指示されている意味内容が異なってくるということである。

　以上，様々な角度から，言葉の変化について考察してきたが，筆者は，やはり，言語変化の最大の原因は，「言語意識」という概念に凝縮されると考えている。

　なお，上記の例以外にも，社会言語学上，重要な用語であるピジンやクレオール，言語接触の問題などさらに詳しく取り上げなければならない問題もあったが，煩雑さを避けるために，本書では扱わなかった。また，言語変化の問題にとって，重要な課題である方言の変化についてもトピックとして挙げていない。方言の問題については，別の稿において，具体的な諸例を掲げ，考察してみることにしたい。さらに，この方面の好著として，やや専門的ではあるが，著名な言語学者E. サピア（Edward Sapir 1884 - 1939）の『言語』にみられるdrift「駆流」の理論も挙げておきたい。言語学や日本語学の専門的な研究を志す人は，このような著書を一読してみる必要があるだろう。本書は，言語の変化に少しでも関心をもって頂き，言葉の本質とはいったい何か考える一つのヒントになればと思い上梓した次第である。また，この書を通して，言語学や日本語学という学問分野を誘うプロローグ的な役割を果すことができたとすれば，筆者としても幸甚である。

　勿論，以上のような言語変化の問題が，現代の言語学の理論で完

全に解明し尽くされたわけではないし，今後も他分野の学問領域の研究成果を援用しながら，言語変化の本質に取り組む必要があることはいうまでもない。

註

1）N.チョムスキーは,『文法の構造』（Syntactic Structures）(1957)『文法理論の諸相』（Aspects of the Theory of Syntax）(1965) などの著書を上梓し,変形生成文法 (transformational generative grammar) という独自の言語理論を創始した言語学者である。その後も,自らの理論に修正を加えながら,GB (Government and Binding Theory) 理論,ミニマリストアプローチ (Minimalist Approach) など次々と新しい理論を展開している。これらの著書は,これまで,構造主義一辺倒であった日本の英語学界にきわめて大きなインパクトを与えた。1960年代半ば頃に成立した「社会言語学 (Sociolinguistics)」という言語分野も,元々は,チョムスキー批判から誕生した学問分野である。ただ,欧米における社会言語学理論のすべてが,チョムスキーの生成文法（現代言語学では,変形という言葉を用いないで,単に生成文法と呼ぶことが多い）の影響かといえば,そうとはいえない側面もある。いずれにせよ,チョムスキーの理論からすると,元々,人間には一様に言語を習得する装置が備わっており,個人のパロール的側面などは全く考慮されていないことになる。そこには,個別的な民族的差異などは存在せず,普遍的な均質的社会だけが容認されることになるのである。しかし,不思議なことに,彼の言語理論とは相反するかのように,チョムスキーは,現実の社会では,ベトナム戦争におけるアメリカの国家政策を激しく糾弾し,最近では,『9・11』をはじめ,次々とアメリカの国家政策に対する批判の書を著して

いる。脱社会化という独特な言語理論とは異なり，実際の現実社会における彼の政治的発言をどのように捉えればよいのだろうか，筆者自身は疑問を抱かざるを得ない。

2）井上（1998）を参照。

3）今日の言語学界ではよく知られたことであるが，『一般言語学講義』は，ソシュール自身が書いたものではない。当時，ソシュールの一般言語学の授業に出席した学生の講義録をもとに，Ch. バイイとA. セシュエが共同で編んだ著書である。

4）勿論，ソシュール以外にも，G. がーベレンツ，B. クルトネ，N, フィンク，H. パウルなどの言語学者たちが，同じような学説をすでに唱えていたことが知られている。なお，このソシュールの著作の日本での影響力も大きく，国語学界においては，訳者小林英夫の「言語道具説」に対し，東京帝国大学教授の時枝誠記が「言語過程説」という異論を唱えている。

5）田中（1993）を参照。

6）ラテン語の場合，同じ「白」を意味する言葉であっても，つやがあるか否かで二つの言葉に分岐している。この言葉は，あらかじめ決まっていたわけではなく，「分節」いう現実世界の切り取り方によって変化していくものである。

7）モンゴル国（旧来のモンゴル人民共和国から民主化以降の名称）の文字表記は，ロシア革命以降用いられてきたキリル文字から脱して，下記のような縦文字であるモンゴル文語に変化しようとしている。ここで，取り上げる語彙は，すべて本来，モンゴルで用いられていたモンゴル文語をローマ字転写している。

　ここで，一例だけ「モンゴル」という言葉の縦文字とキリル文字を示すことにする。

　なお，古代ウイグル語（古代ウイグル語の中でも，突厥文字

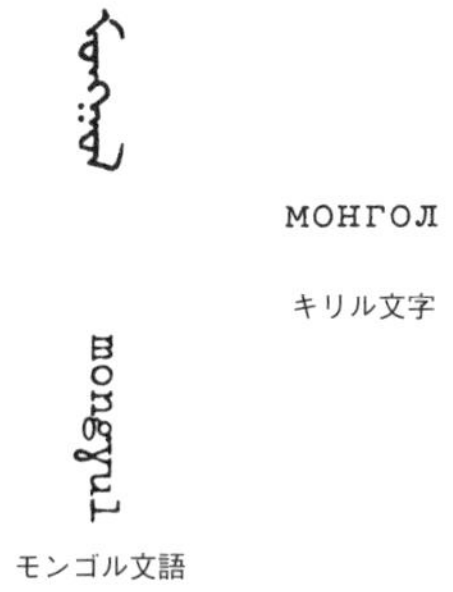

МОНГОЛ

キリル文字

モンゴル文語

図11 モンゴル文語の例
橋本勝・E. プレブジャブ『モンゴル文語入門』(1996) より引用

　は別の文字を用いている)も，仏教資料が豊富であり，モンゴル文語と同様に，縦文字で表記されている。ただし，現在新疆ウイグル自治区で話されている現代ウイグル語との直接的な関係はないとみるべきであろう。
8) 前古典期モンゴル文語とは，Pre-classical Written Mongolianの翻訳である。およそ，17世紀以降と考えられる古典期モンゴル文語 (Classical Written Mongolian) と異なり，規範化される以前の文献であり，口語的要素を残す中世モンゴル語の影響もあり，言語学的観点からみて，きわめて貴重な文献といえよう。
9) 玉村 (1992) を参照。
10) 紀田 (2001) を参照。
11) 実業家であった中村壮太郎の本文には，全文ルビが施されている。
12) 真田 (2001) を参照。
13) 以前は，インド・ゲルマン諸語と称された時期もあったが，現在では，この名称が定着している。
14) 石黒 (1996) を参照。

15) この点に関しては，すでに文字の秘儀性という観点から，『般若心経』を例に挙げながら若干の説明を試みた。文字と音との関係に関心のある方は，柿木（2000）を参照されたい。
16)「国語」という用語の成立に関しては，すでに，田中（1981），イ（1996）が詳しい経緯を述べている。
17) 金田一（1988）を参照。なお，括弧のハ行音の唇音は，筆者が加えたものである。

引用文献

Benedict, R.（1946）*The Chrysanthemum and the Sword-Patterns of Japanese Culture.* Houghton Mifflin Co.　長谷川松治訳　1967『定訳　菊と刀（全）－日本文化の型』　社会思想社

Brown, R. & Gilman, A.（1960）The Pronouns of Power and Solidarity. In T.A. Sebeok, ed. *Style in Language.* Cambridge, Mass : MIT Press, pp.253-276

Chomsky,N.（1957）*Syntactic Structures.* MIT Press.　勇康雄訳　1963『文法の構造』　研究社

―――――（1965）*Aspects of the Theory of Syntax.* MIT Press.　安井稔訳　1970『文法理論の諸相』　研究社

―――――（2002）*9-11.* Seven Stories Press.　山崎淳訳『9・11』　文藝春秋

Coseriu, E.（1958）*Sincronía, diacronía e historia.* Montevideo.　田中克彦・かめいたかし訳　1981『うつりゆくこそことばなれ』　クロノス

土井忠生・森田武・長南実　編訳（1980）『邦訳　日葡辞書』　岩波書店

土居健郎（1971）『「甘え」の構造』　弘文堂

―――――（1985）『表と裏』　弘文堂

―――――（2001）『続「甘え」の構造』　弘文堂

藤岡勝二（1908）「日本語の位置」『國学院雑誌』　第14巻第8号

藤岡博士功績記念会（編）（1935）『藤岡博士功績記念言語學論文集』　岩波書店

言語学会（1900－1902）『言語學雑誌』　第1巻第1号－第3巻第3号　冨山房雑誌部

橋本進吉（1938）「国語音韻の変遷」『国語音韻の研究（橋本進吉博士著作集4）』　1950　岩波書店

橋本勝，E. プレブジャブ（1996）『モンゴル文語入門』　大阪外国語大学

服部四郎（1979）『新版　音韻論と正書法』　大修館書店

平井昌夫（1998）『国語国字問題の研究』　安田敏朗　解説　三元社

Holmes, J.（1992）*An Introduction to Sociolinguistics.* London: Longman.

堀井令以知（1990）『語源をつきとめる』　講談社現代新書

イ・ヨンスク（1996）『「国語」という思想』　岩波書店

井上史雄（1998）『日本語ウォッチング』　岩波新書

井上尚美・宮腰賢（1977）『言語の研究』 学芸図書株式会社
石黒昭博・山内信幸・赤楚治之・北林利治・宇田千春・伊藤徳文・須川精致・川本裕未（1996）『現代の言語学』 金星堂
板坂元（1973）『考える技術・書く技術』 講談社現代新書
糸井通浩・植山俊弘（編）『国語教育を学ぶ人のために』 世界思想社
城生伯太郎（1992）『ことばの未来学』 講談社現代新書
柿木重宜（1995）「日モの仏教借用語彙について－とりわけモンゴル語の借用語彙の来源経路をめぐって－」『語源研究』 第28号
――――（2000）『ふしぎな言葉の学』 ナカニシヤ出版
――――（2002a）「藤岡勝二の言語観－系統論と国語国字問題をめぐって－」『国語学会 2002年度春季大会要旨集』 国語学会 pp.137‐144
――――（2002b）「『言語学雑誌』にみられる「棒引き仮名遣い」について－若者言葉との比較を通して－」『平成14年度全国大学国語国文学会冬季大会シンポジウム・研究発表会資料』 全国大学国語国文学会 pp.7‐12
風間喜代三（1978）『言語学の誕生－比較言語学小史－』 岩波新書
紀田順一郎（2001）『日本語大博物館』 ちくま学芸文庫
金田一春彦（1988）『日本語』 新版 上・下 岩波新書
北原保雄（1982）「係り結びはなぜ消滅したか」『国文学』
小池清治（1994）『日本語はどんな言語か』 ちくま新書
小泉保（1993）『日本語教師のための言語学入門』 大修館書店
窪薗晴夫（2002）『新語はこうして作られる』 岩波書店
桑原武夫編訳（1977）『啄木 ローマ字日記』 岩波文庫
Labov, W.（1966） *The Social Stratification of English in New York City.* Washigton ,D.C. :Center for Applied Linguistics.
松本克巳（1984）「言語史の再建と言語普遍」『言語研究』第86号 日本言語学会
――――（1995）『古代日本語母音論－上代特殊仮名遣いの再解釈』 ひつじ書房
明治書院企画編集部（編）（1997）『日本語学者列伝』 明治書院
三島由紀夫（1973）『文章読本』 中公文庫
水原明人（1994）『江戸語・東京語・標準語』 講談社現代新書
中村元（2001）『広説佛教語大辞典』 東京書籍
中野美代子（1994）『砂漠に埋もれた文字』 ちくま学芸文庫
日本語の系統を考える会（編）『日本語の系統・基本論文集Ⅰ』 和泉選書
西田龍雄（編）（1986）『言語学を学ぶ人のために』 世界思想社
大野晋（1978）『日本語の文法を考える』 岩波新書
Paul, H.（1880） *Prinzipien der Sprachgeschichte.* 福本喜之助訳 1965『言語史

原理』　講談社
真田信治・渋谷勝巳・陣内正敬・杉戸清樹（1992）『社会言語学』　桜楓社
真田信治（2001）『標準語の成立事情』PHP研究所
斎藤孝（2001）『声に出して読みたい日本語』　草思社
Sapir,E.（1921）*Language.*　泉井久之助　訳　1957『言語』紀伊國屋書店
Saussure,F.de（1916）*Cours de Linguistique Générale.*　小林英夫訳　1972　『一般言語学講義』　岩波書店
柴田武（1995）『日本語はおもしろい』　岩波新書
庄垣内正弘（1975）「古代ウイグル語におけるインド来源借用語彙の導入経路について」『アジア・アフリカ言語研究』　15
高島俊男（2001）『漢字と日本人』　文藝春秋
玉村文郎（編）（1992）『日本語学を学ぶ人のために』　世界思想社
田中春美・樋口時広・家村睦夫・五十嵐康男・下宮忠雄・田中幸子（1994）『入門ことばの科学』　大修館書店
田中克彦（1978）『言語からみた民族と国家』　岩波書店
――――（1981）『ことばと国家』　岩波新書
――――（1993）『言語学とは何か』　岩波新書
谷崎潤一郎（1975）『文章読本』　中公文庫
寺村秀夫（1978）『日本語の文法　上』（日本語教育指導参考書）（国立国語研究所）
時枝誠記（1949）『国語問題と国語研究』　中等学校教科書
徳川宗賢（1979）『日本の方言地図』　中公新書
築島裕（1964）『国語学』　東京大学出版会
梅棹忠夫（1969）『知的生産の技術』　岩波新書
柳父章（1982）『翻訳語成立事情』　岩波新書

事項索引

ア
アルタイ諸語　17, 63, 137
異音（allophone）　18
一次的言語データ（primary lingustic date）　5
インド・ヨーロッパ語族（Indo-European language family）　66, 101, 113, 115
演繹主義　121
音位転換（metathesis）　34
音韻対応（sound correspondence）　113
音節文字　2, 6
音素（phoneme）　2
音素文字　6

カ
外来語　14, 45, 46, 58, 63
係り結び　72, 76
過剰修正（hyper correction）　32, 126, 145
カセット効果　57
漢音　14
漢語　14, 45, 54, 62
記述言語学（descriptive liguistics）　120
帰納主義　121
共時態　124
屈折語（inflectional language）　117
訓令式ローマ字　96
衒学的　54
言語意識　33, 44, 157
言語獲得装置（LAD）　5, 122
言語過程説　43
言語道具説　43
口蓋調和（horizontal harmony）　17
構造言語学（structural linguistics）　120, 121, 123
膠着語（agglutinative language）　117
呉音　14
国語審議会　22, 62, 70, 88, 134
国語調査委員　23, 134
国語調査委員会　23, 98, 134
『古事記』　16
語用論（pragmatics）　69
孤立語（isolating language）　117
混種語　45-47

サ
再構（reconstruction）　13, 119
サピア・ウォーフの仮説　33, 158
差別（用）語　37, 129
詞　79
辞　79
社会言語学（sociolinguistics）　90, 125
社会方言（social dialect）　125

上下関係（power）　71, 128
上代特殊仮名遣い　16
唇音牽引（labial attraction）　17
神代文字　82, 83
生成文法（generative grammar）　44, 122, 123
青年文法学派（Junggrammatiker）　43

タ
対照言語学（contrastive linguistics）　114
地域方言（regional dialect）　1, 44, 125
調音労働の経済性　20, 28, 33, 44, 157
転音現象　2, 7, 10, 13, 14
唐音　14
時枝文法　77, 80

ナ
仲間意識（solidarity）　22, 38, 58, 71, 128
日本式ローマ字　100, 107
『日本書紀』　16
日本ローマ字会　107, 108
認知言語学（cognitive linguistics）　145

ハ
ハ行転呼音　30, 33
拍　35
橋本文法　77, 80
波状理論（wave theory）　133
撥音　35
パロール（parole）　121, 151

比較言語学（comparative linguistics）　43, 113
表意文字　6
表音文字　6
複語尾　77
普遍文法（universal grammar）　122
プロミネンス（prominence）　73
ヘボン式ローマ字　107
母音調和（vowel harmony）　17
方言周圏論　133
母語（Muttersprache）　49
棒引き仮名遣い　22, 23, 25-27, 34, 111

マ
『万葉集』　16
モーラ　35

ヤ
山田文法　77, 80
拗音　35

ラ
ら抜き言葉　69, 70
ラング（langue）　121
六書　8
臨界期（critical period）　5
臨時国語調査会　23, 134
類推（analogy）　59
連濁　3
羅馬字会　106
ローマ字ひろめ会　11, 92, 106

ワ
若者言葉　21
和語　14, 45, 49, 62

人名索引

[A]
青木昆陽　103
有坂秀世　78, 143
有栖川宮威仁親王　86

[B]
Bally, Ch.　119, 120
Benedict, R. F.　32, 158
Bopp, F.　43, 113, 117, 143

[C]
Chamberlain, B. H.　91
Chomsky, N.　5, 44, 122–124
Coseriu, E.　124
Courtenay, B. de　43

[D]
Dante, A.　49
Darwin, Ch. R.　117
土居健郎　33, 158
Durkheim, E.　44

[F]
Fenollosa, E. F.　91
Florenz, K. A.　24, 89, 136
藤岡勝二　24, 55, 89, 90, 93, 108–110, 131, 133, 136–138, 142, 143
福沢諭吉　87
二葉亭四迷　105

[G]
Gabelenz, G. von　43
Goethe, J. W. von　151
Grimm, J.　43, 91, 113

[H]
芳賀矢一　109
原敬　86, 87
橋本進吉　16, 78, 143
服部四郎　106, 143
Hepburn, J. C.　103, 104
平井金三　98
平田篤胤　82
Hjelmslev, L.　120
北条時宗　129
堀井令以知　66
保科孝一　24, 26, 55, 89, 90, 109, 136, 143
Humboldt, W. von　117, 121, 123, 124
Husserl, E.　78

[I]
井上円了　56, 91
井上哲次郎　89
石原忍　95
石川啄木　11
板坂元　54
岩淵悦太郎　78

巌谷小波　86, 108, 109
伊沢修二　131

[J]
Jakobson, R.　120
神保格　131
Jones, S. W.　113

[K]
柿木重宜　82
金沢庄三郎　24, 91
神田孝平　135
嘉納治五郎　85, 86, 109
加藤弘之　23, 135
金田一春彦　31
金田一京助　78, 143
北原保雄　73
小林英夫　43, 79
窪薗晴夫　36
黒澤翁満　31
桑原武夫　12

[L]
Labov, W.　32, 126
Lévi-Strauss, C.　81

[M]
前田直平　95
前島密　56, 85, 136
Martinet, A.　19, 120
正岡子規　108
増田乙四郎　95
Mathesius, V.　120
松本克己　18
三島由紀夫　54

三宅米吉　136
宮沢賢治　11
森有礼　55
森鷗外　138, 139
物集高見　105
無学祖元　129
向軍治　108

[N]
中島みゆき　135
那珂通世　97, 136, 137
中村芝鶴　127
中村壮太郎　95
中根千枝　71
中野美代子　83, 84
南部義籌　56, 103
夏目漱石　138

[O]
大久保利通　85
大隈重信　86
大野晋　29, 78, 90
大槻文彦　98, 109, 136
大槻玄沢　103
大矢透　109
小倉進平　143
岡倉天心　91
岡倉由三郎　24, 89, 91
岡野久胤　127
尾崎紅葉　105

[P]
Paul, H.　43, 59, 119－121

[R]

Rask, R. 43, 113
Rivarol, A. de 56

[S]

嵯峨の屋御室（矢崎鎮四郎） 105
西行 48
西園寺公望 86, 99
斎藤孝 53
佐久間鼎 80
Sapir, E. 159
Saussure, F. de 42, 52, 79, 119, 124, 145
Schlegel, A. von 117
Schlegel, F. von 117
Schleicher, A. 117
Schmidt, J. 133
Schuchardt, H. 118
Séchehayé, A. 119, 120
柴田武 148
志賀直哉 56
式亭三馬 41
新村出 24, 89, 136
白鳥庫吉 91, 136-138
庄垣内正弘 67
Steinthal, H. 59
鈴木朖 79
Sweet, H. 91, 132, 137

[T]

タカクラ・テル 26
高楠順次郎 86, 89, 90
田丸卓郎 86, 87, 108, 109, 110, 139
田丸睦郎 139
田中館愛橘 86, 87, 108, 109, 110

田中克彦 49
谷崎潤一郎 153
俵万智 135
寺村秀夫 77
時枝誠記 43, 78
徳川慶喜 85
稲留正吉 95
鳥居清長 108
外山正一 56, 106
辻直四郎 90

[U]

上田万年 23, 89, 109, 110, 131, 133-138, 143
梅棹忠夫 95

[V]

Vendryes, J. 55

[W]

Whitney, H. 44, 55

[Y]

山田美妙 105
山田孝雄 77, 110
山内容堂 103
山下芳太郎 56, 99
柳父章 57, 81
柳田国男 133
八杉貞利 89, 91, 136

著者紹介
柿木重宜　（かきぎ　しげたか）
1965年　滋賀県に生まれる。
1994年　一橋大学大学院博士後期課程（社会言語学専攻）単位取得。
現　職　関西外国語大学外国語学部教授、関西外国語大学大学院外国語学研究科言語文化専攻教授、日本語語源研究会副会長、日本ペンクラブ正会員
著　書　『近代「国語」の成立における藤岡勝二の果した役割について』（ナカニシヤ出版　2013）。『日本語学トレーニング100題』（ナカニシヤ出版　2017）。『新・ふしぎな言葉の学－日本語学と言語学の接点を求めて－』（ナカニシヤ出版　2018年）。他、著書、論文多数。

なぜ言葉は変わるのか
－日本語学と言語学へのプロローグ－

2003年　5月20日　初版第1刷発行	定価はカヴァーに表示してあります。
2020年10月14日　初版第7刷発行	

著　者　柿木重宜
発行者　中西　良
発行所　株式会社ナカニシヤ出版
　　　　〒606-8161 京都市左京区一乗寺木ノ本町15番地
　　　　Telephone　075-723-0111
　　　　Facsimile　075-723-0095
　　　　郵便振替　01030-0-13128
　　　　URL　　　http://www.nakanishiya.co.jp/
　　　　E-mail　　iihon-ippai@nakanishiya.co.jp

装丁・白沢　正／印刷・ファインワークス／製本・藤沢製本
Copyright © 2003 by S. Kakigi
Printed in Japan
ISBN978-4-88848-637-8　C1081